linguistics!

グローバルコミュニケーションのための英語学概論

Ippei Inoue
井上逸兵

慶應義塾大学出版会

はじめに

　本書は、日本、およびいわゆるグローバル・コミュニケーションの視点に立った英語学の概論書である。従来の「英語学」、および「英語学概論」のたぐいの本の多くは、英米、特にアングロ・サクソンの民族語としての側面が強調され、現実社会で起こっている英語という言語を取り巻く世界的な状況の変化が反映されたものには必ずしもなっていなかった。また、日本語で読み、学ぶものでありながら、日本的、日本語的視点で見たところの英語、英語学が論じられているものもあまり多くない。本書は、民族語としての英語という側面を踏まえながら、昨今のいわゆるグローバル化した社会における英語、リンガ・フランカとしての英語、非英語圏で多様化し土着化した英語、日本における英語、日本語との対照における英語の諸側面を材料としながら英語学、言語学のエッセンスを網羅的に伝えることを意図したものである。

　また、本書では、コミュニケーション、テクノロジーの進化という観点、コミュニケーションの生態学とも呼ぶべき視点から、時に議論を展開している。それ自体ある意味で高度なテクノロジーとも言えるヒトの言語は、文字、印刷術、通信、マスメディア、コンピュータ、インターネットといったコミュニケーション・テクノロジーによって大きな変容を受けてきた。ことばは人々の使用の中にあった。コミュニケーションの道具であり続けてきた。このような視点に立ったとき、「英語学概論」はおのずとこれまでとは違った形をとることになろう。現代における英語の地位と日本における英語のおかれた状況とグローバル・コミュニケーションという要請が生み出した概論の一つの形が本書であるはずだ。

2015 年 3 月
井上逸兵

目次

はじめに ——————————————————————————— i

第 1 章　英語と英語学の背景 ————————————————————— 1

    1-1　2 つの「英語学」　1

    1-2　本書の特徴　2

    1-3　「説明の学問」としての英語学、言語学　3

    1-4　本書の概要　5

    参考文献・練習問題　7

第 2 章　英語の変遷 ————————————————————————— 9

    2-1　インド・ヨーロッパ祖語の「発見」と英語の歴史区分　9

    2-2　古英語　12

    2-3　中英語　13

    2-4　近代英語　17

    2-5　初期近代英語　17

    2-6　後期近代英語　20

    2-7　現代英語　21

    参考文献・練習問題　22

第 3 章　英語の多様化とグローバル化──世界の英語、国際語としての英語、グローバル英語、そして日本の英語 ——————————— 23

    3-1　世界の英語、世界の英語事情　23

    3-2　国際語としての英語　27

    3-3　グローバル英語（グローバル・テクスト）　30

3-4　日本における英語　　36

　　　参考文献・練習問題　　38

第 4 章　現代英語学・言語学の潮流 ────────── 41

　　　4-1　20 世紀の言語学大三角形　　41

　　　4-2　2 つの恣意性　　46

　　　4-3　「チョムスキー革命」──生成文法　　51

　　　4-4　認知言語学の誕生　　55

　　　4-5　20 世紀の言語学大三角形の点と辺　　60

　　　4-6　言語学大三角形からの展開　　62

　　　参考文献・練習問題　　66

第 5 章　英語の音声 ──────────────── 69

　　　5-1　音声言語の利点　　69

　　　5-2　英語音声学と音韻論　　70

　　　5-3　音韻論　　80

　　　参考文献・練習問題　　83

第 6 章　英語の語彙（形態論）───────────── 85

　　　6-1　形態論とは何か　　85

　　　6-2　形態素の分類　　85

　　　6-3　形態素による語形成　　88

　　　6-4　形態素による語の分類　　94

　　　6-5　形態素の生産性と語形成　　95

　　　参考文献・練習問題　　101

第 7 章　英語の文法（統語論）───────────── 103

　　　7-1　統語論とは　　103

7-2　文の構造　　　104

　　　7-3　文法カテゴリー　　　109

　　　参考文献・練習問題　　　118

第8章　英語の意味（意味論） ———————————— 121

　　　8-1　「意味」とは何か　　　121

　　　8-2　「意味」の種類　　　123

　　　参考文献・練習問題　　　138

第9章　指示の語用論 —————————————————— 139

　　　9-1　ダイクシスとは　　　139

　　　9-2　ダイクシスと「人」　　　146

　　　9-3　2人称代名詞の言語と文化　　　150

　　　参考文献・練習問題　　　153

第10章　コミュニケーションの語用論 ——————————— 155

　　　10-1　会話の含意——協調の原理　　　156

　　　10-2　言語行為論　　　165

　　　10-3　グローバル・コミュニケーションから見た語用論の問題
　　　　　　173

　　　参考文献・練習問題　　　177

第11章　ポライトネス ————————————————— 179

　　　11-1　ポライトネス研究とは　　　179

　　　11-2　ブラウンとレヴィンソンの面目モデル　　　184

　　　参考文献・練習問題　　　201

第12章　相互行為の社会言語学 ————————————— 203

　　　12-1　コンテクスト化の合図　　　203

12-2　コンテクスト観の革新　　206

　　　12-3　解釈的アプローチ　　209

　　　12-4　コミュニケーションの多層性　　214

　　　12-5　非指示的指標性　　216

　　　12-6　相互行為の社会言語学からグローバル・コミュニケーションの言語学へ　　217

　　　参考文献・練習問題　　219

第13章　談話分析 ──────────────────────── 221

　　　13-1　談話分析の2つの流れ　　221

　　　13-2　会話分析　　225

　　　参考文献・練習問題　　231

第14章　社会言語学 ─────────────────────── 233

　　　14-1　ソシュールのパラドクス　　233

　　　14-2　ミクロ社会言語学　　234

　　　14-3　グローバルとローカルな英語の多様性　　240

　　　14-4　そのほかの社会言語学的諸事象　　241

　　　参考文献・練習問題　　243

索引 ───────────────────────────── 245

1. 英語と英語学の背景

　英語学ほど誤解を受けやすい学問もそうはないだろう。何しろ中学・高校で学んできた「英語」に「学」がついているくらいだから、相当高度で難解な英語を勉強する学問だろうとか、高度に英語を操る技能を身に付ける学問だろうとか、英語学を知らないシロウトさんであればそんなふうに予想するのが常である。

　残念ながら、そのような予想はほとんどハズレである。まったく違うと言ってもよい。

　では、英語学とはどのような学問だろうか。

1-1 ＞ 2つの「英語学」

　大きく分けて、「英語学」は2つの分野を指している。この2つは重なっている部分もあるが、大きく離れて別の分野と言ってよい部分もある。

　1つは「英語という言語の研究」という意味である。つまり、英語で言えば、the study of English language ということで、最近の世界の英語状況を考えると、the study of English languages と複数形にしてもよいかもしれない（本書のスタンスはそれだ）。もともとはアングロ・サクソンの民族的文化的背景を持った一民族語としての英語の研究という意味合いが強い研究もある。この意味では冒頭のシロウトさんの予想はそれほど外れてはいない。英語という言語そのものを深く探求する学問である。その成り立ちを考えたとき、当然ながら、英語という言語の背景である歴史に目を向けることは理にかな

ったことである。その実、この分野の英語学は「英語史」という色彩を強く持つことになり、過去の英語の文献をひもとき、つぶさに分析することが重要な作業となる。この分野の英語学が、英語では philology と呼ばれるゆえんである。

もう1つの「英語学」の意味するところは、「英米系の言語学」という意味である。「英米系」というのは、つまり「英米で議論されてきた伝統をくんでいる」という意味である。かつての「国語学」、現在では「日本語学」にも伝統があり、「仏語学」、「独語学」も同様に、それぞれに議論の伝統があり、扱われる事象にも違いがある。流派のようなものと考えてもそう間違ってはいない。それぞれの流派の言語学はそれぞれの特定の言語を対象に議論するので、「○○語をデータとして用いる言語学」と言ってもよいが、それだけではない。扱い方や議論の仕方にも違いがある。ここでは、それらを比較して論じることはしないが、まずは「英米で論じられてきた伝統にある言語学」と理解しておくとよいであろう。1つ目の英語学に対して、こちらの英語学は英語では linguistics と呼んでいる。この意味においては、英語学は言語学とほぼ同義と考えてよい。

もちろんそれぞれの言語が用いられる文化や国における言語学とは言いながらも、お互いに影響は与え合っているし、国際的な学術交流もあるので、それぞれに閉じた学問分野ということではない。後述する、近代言語学の父と呼ばれるソシュールはスイス人で、フランス語で論文を書いているし、アメリカで始まったチョムスキーの生成文法と呼ばれる考え方や認知言語学の視点は世界的に影響を与えている。大まかに英米で論じられ、その影響を受けてきた流れをくむ言語学というくらいに考えておこう。

1-2 〉本書の特徴

本書の1つの特徴は、この英米系の流れをくむ伝統にある議論の枠組みにおいて、一民族語としての英語のみならず、現在の世界の状況の産物でもあ

る多様な英語（World Englishes——English の複数形に注目のこと）、さらには日本語で（おそらく多くは）日本語話者が学ぶ英語という視点で、英語学を概観し、論ずることである。

英語という言語は、アングロ・サクソンの民族語という側面と、その話者たちの手を離れ、世界の共通言語（いわゆるリンガ・フランカ（lingua franca））としての言語という側面の両方を持つ言語となった。このような規模で世界の共通語となった言語の誕生は、おそらく人類史上初めてであろう。このような特殊な事情を持った言語にはそれなりの特殊性があるはずである。

このような状況から考えうることの1つは先にも触れた英語の多様化だろう。しかし、それだけではない。コンピュータ・テクノロジーとグローバル・コミュニケーションが生み出した世界の英語のもう1つの側面は、むしろその逆だ。そのあたりは第3章で論じることになる。

さらに、本書が日本語で書かれているように、ここで英語学を学ぶ読者の皆さんは日本語話者であろうという想定から、日本語という言語との対照で英語、ならびに英語学を学ぶことは効果的、かつ意味のあることと考える。言語系統としては遠く離れた言語同士を比較対照させて考えるという意味でも、自らの母語との対照で考えるという意味でも、日英語2つの視点を持って英語学、言語学を学ぶことは有効で、かつ実用にもつながりうるだろう。

本書の第3章以降は、主として上の linguistics という意味での英語学、言語学の視点で書かれている。一般的に言って、上の philology という視点での英語学では英語の歴史的変化が中心的な考察の対象となり、「英語史」という学問分野、科目名として論じられることが多く、後者の linguistics は現代の言語（英語）を論じるというように区別されることが通例である。

1-3 〉「説明の学問」としての英語学、言語学

現代の言語ということは、その母語話者であれば、何の苦もなく操ってい

るはずのものである。言ってみれば、何の変哲もないものである。英語史を勉強すれば、古い時代の英語を知ることになり、英語の母語話者でも必ずしも知らない世界を見ることになる。ところが現代語の英語学であれば、子どもでもある程度の年齢なら日常的に話していることばが研究対象となるので、必然的にそれがどのようなしくみになっているか、どのような働きをしているかを説明する学問という性格を帯びてくる。つまり、どちらかと言うと理論に重きが置かれる学問ということになる。

　第4章でくわしく述べるが、理論的な展開には大きな流れがある。言語学の歴史の中では、言語がどのようにできているかを説明するのに、これこそがよりよい理論だと主張して特段に画期的で（あるとして）新しい言語理論が登場し、大きな流れを作るということがある。その流れを学ぶのに重要なことは、新しい理論的な大転換は、前の理論を乗り越える形で登場するということだ。これは言語学に限った話ではない。おそらくどんな学問にも当てはまることだろう。どんな理論も無からは生まれない。その土台となる考えや理論や知見が必ずある。どんな研究も何もないところからは生まれないのと同じである[1]。それぞれの研究がどの先行研究を土台とし、踏み台として展開し、どのような流れの中で、どのような理論的枠組みで論じられているかを見ることは重要だ[2]。

　これから本書で見る諸言語事象は、必ずしも言語理論の枠組みを想起させない、より基本的なものもあるが、英語学、言語学を学ぶうえで、以上のことは念頭に置きながら読み進めていただきたい。

---

[1] それと同じ意味で、卒業論文なども含めて個々の研究がどのような研究を土台としているかは決定的に重要である。論文などで先行研究を示すのはそのためである。そして、自分の研究が後に続く同じ分野の研究をする人たちが土台とすることができるように検証可能な形で研究することも同じ意味で重要である。学問の営みは歴史の流れの中にある共同作業なのだ。それが、単発的な（日本語で言う）エッセイや評論との違いである（むろん、それらにも別の価値があろう）。

[2] 論文や授業のレポートを書くときに、参考文献をきちんと示すことはそのような理由で重要である。さらに、参考文献を示すときに、出版年を必ず書くことになっているが、それが大切である理由も明らかだろう。どちらの研究が時間的に先なのかが決定的に重要な場合があるからだ。

1-4 〉本書の概要

　本書の目次を従来の英語学概論のそれと見比べてみれば、大きく異なっていることに気付くだろう。章立てだけで言うならば、第3章を除いた第8章までが、定番の英語学概論の一般的な構成である。第9章から第14章までは、一般的な概論書であれば、せいぜい2章分くらいに収めるのが普通だろう。これらは簡潔に言えば、コミュニケーションと社会の英語学、言語学である。本書ではそこを手厚くしてある。それが本書の大きな特徴であろう。

　本書がよって立つ前提はこうだ。言語学の主流の考え方では、言語そのものがどのような（広い意味での）成り立ちをしているかが問題である。そして、たまたまその言語を人間はコミュニケーションに使っている、というスタンスだ。だが、本書は違う。言語はコミュニケーションの中にあってこその存在である。使用（use）から切り離さないところの言語、および言語的振る舞いこそが言語の本質だと考える。テクノロジーも含めた言語使用の環境、文脈、つまりはコミュニケーション状況が言語の成り立ちに大きく関わっているというスタンスである。

　第2章では、簡略化した英語史を見る。具体的な言語事象は取り上げていないが、英語という言語がどのような歴史的な出来事とテクノロジーの進化と社会の変容とともに変化してきたかを概観する。第3章はグローバル化した英語がグローバル化ゆえに持つに至った2つの側面を見ることになるだろう。一見、正反対のことが表裏一体のこととして起こっていることに目を向ける。第4章はほかの章よりボリュームがあるが、20世紀の言語学の大きな流れを論じている。3つの大きな言語理論について、それを三角形に描くことでそれぞれの特徴を概観してみたい。第5章は音声学、第6章は形態論、第7章は統語論、第8章は意味論、第9章は語用論（指示と代名詞）と、このあたりは定番のラインナップで、むしろ一般的な英語学の概論書に比べると簡略版といったところだが、随所にコミュニケーション、グローバル・コミュニケーションに向けた内容をちりばめてある。第10章以降に力点が置

かれているのが、本書がほかの概論書と大きく異なるところである。コミュニケーションに視座を置き、日本、および異文化コミュニケーション、グローバル・コミュニケーションに向けた英語学を展開してみたい。コミュニケーション系言語学とも言うべき諸分野の知見を概説しながら、現代社会に生きるわれわれと英語、コミュニケーションとの関わりに実際的な問題解決の糸口を与えられるような内容になっていると思う。

英語学、言語学の諸概念やさまざまな議論は、学術的な意味で重要だ。むろん、学問として英語学をやる以上、それはきちんと学ばねばならない。どんな世界だろうとどんな職業だろうと、基本的な知識がなければ何もできない。本書はその上に立って、これまでの英語学概論とは異なった方向に足を踏み出すためのものだ。誤解してはならないのは、これは従来の英語学概論の、コミュニケーション志向の「応用編」のようなたぐいではない。これまでとは違った視点に立つ英語学概論の、これまでとは異なった1つの形であり、そのような視点に立てば、「応用編」などではなく、まさにこれが英語学の本質だと筆者は信じる。

□ 参 考 文 献 □

安藤貞雄，澤田治美（編）（2001）『英語学入門』開拓社.

西光義弘（編）（1999）『日英語対照による英語学概論 増補版』くろしお出版.

八木克正他（2006）『新英語学概論』英宝社.

安井稔（監修，著）（1987）『英語学概論』（現代の英語学シリーズ 1）開拓社.

■ 練 習 問 題 ■

1．英語史の研究がなぜ philology（文献学）と呼ばれるのかを考えよう。
2．例えば、天文学などと言語学、英語学はどのように違うかを考えよう。
3．英語学と日本語学とでは、対象とする言語の違いからどのような違いがあると考えられるか調べてみよう。
4．あなたの知る学問が、主として「発見の学問」と「説明の学問」のどちらに分類されるか考えてみよう。どの学問にも両方の側面があるだろうが、どういうところがそれぞれの性格を持っているかも考えよう。
5．「グローバル・コミュニケーション」とはどのようなものか考えてみよう。

2. 英語の変遷

　今や国際語とも称される英語という言語も、言うまでもなくある民族の言語でもある。今日で言うアングロ・サクソンの民族語としての英語が、近代以降のイギリス、アメリカの国力と世界展開によって国際語の地位を獲得したわけだが、この章では簡単に英語がたどった今日に至るまでの経緯を見ることにしよう。

　文献学としての英語学（philology）、あるいは英語史学としては具体的な事例が重要だが、本書ではそれは英語史の文献などにゆずることにして、コミュニケーションと社会の観点から英語の歴史を概観してみよう。人の移動やそれにともなってあったはずのコミュニケーションの変化、戦争や政治的変革などによる社会構造の変化、そしてテクノロジーの進歩によって生み出された変化が英語という言語の歴史に大きく関わっていることを見てみたい。

2-1 〉インド・ヨーロッパ祖語の「発見」と英語の歴史区分

　ヨーロッパのそれぞれの言語はどことなく似ているものもあると誰しも思うことだろう。何か共通の源から枝分かれしてきたのではないか、親族関係のようなものがあるのではないか、という考え方があった。

　1786年、イギリス東インド会社上級判事としてインドに赴いていたウィリアム・ジョーンズ卿（Sir William Jones 1746-1794）は、サンスクリット語を取り上げながら、インドやヨーロッパの広域にわたる言語に共通の源となる言語の存在を主張した。後に、デンマーク人言語学者ラスムス・クリスチャ

ン・ラスク（Rasmus Christian Rask 1787-1832）、ドイツ人言語学者フランツ・ボップ（Franz Bopp 1791-1867）らによって、言語の親族関係を科学的に証明する**比較言語学**（comparative linguistics）の基礎が築かれた。いくつかの言語の類似性は、偶然の結果でも借用の結果でもなく、共通の源から生まれてきたものという仮説を立てた。比較言語学はそれを科学的に証明できるとするものである。

　例えば、以下のような類似が英語、ラテン語、ギリシャ語、サンスクリット語に見られる。

English	*Latin*	*Greek*	*Sanskrit*
<u>t</u>en	<u>d</u>ecem	<u>d</u>eka	<u>d</u>aśa
<u>t</u>wo	<u>d</u>uo	<u>d</u>uo	<u>d</u>va
heart	cor<u>d</u>ia	kar<u>d</u>ía	hṛ<u>d</u>

ここから、

English	*Latin*	*Greek*	*Sanskrit*
t	d	d	d

という対応関係を見出すことができる。このような対応関係の分析から法則性を導こうとするのである。

　ドイツ人言語学者ヤコブ・グリム（Jacob Grimm 1785-1863）は、ゲルマン語の1つゴート語とラテン語、ギリシャ語、サンスクリット語の子音を比較し、音の規則性を明らかにした。後に「**グリムの法則**（Grimm's Law）」と呼ばれるこの変化の規則はゲルマン祖語における変化に関わるもので、a. インド・ヨーロッパ（印欧）祖語の有声閉鎖音がゲルマン語の無声閉鎖音に、b. 無声閉鎖音が無声摩擦音に、c. 帯気音が無帯気音になるというものである。

```
a. b  →  p
   d  →  t
   g  →  k
b. p  →  f
   t  →  θ
   k  →  x → h
c. bh →  b
   dh →  d
   gh →  g
```

　さらにラスク、ボップ、グリムなどの研究をもとに、アウグスト・シュライヒャー（August Schleicher 1821-1868）は、インド・ヨーロッパ祖語と呼ぶ源から生じた諸言語の系統図の基礎を作った。英語はインド・ヨーロッパ祖語の子孫である。

　インド・ヨーロッパ祖語の方言の1つがゲルマン祖語であり、そのまた方言に西ゲルマン語があり、さらにその方言の1つが英語の歴史上最古の**古英語**（Old English）とされている。

　英語の歴史を区分すると一般に大きく、

　古英語（Old English：OE）期：450年頃〜1100年頃
　中英語（Middle English：ME）期：1100年頃〜1500年頃
　近代英語（Modern English：ModE）期：1500年以降

に分けられ、近代英語期はさらに初期と後期に分けられるのが一般的である。
　本書では特にこれらの区分によって表される契機やそれぞれの時代を特徴付ける、人の動きや社会的な変革、テクノロジーの変化などの（広義の）コミュニケーション上の変容に着眼しながらこれらの流れを概観してみよう。

2-2 > 古英語

　古英語は、ブリテン島（Britain）に侵略したアングル族、サクソン族、ジュート族の方言であった（「アングロ・サクソン」の名はこれらのうちの２つから生まれた）。古英語の記録は大部分が 10、11 世紀のものだが、いわゆる「ゲルマン民族の大移動」を終えて定住した 450 年頃が英語の始まりと考えられている。先住民族のケルト族は西部のウェールズや北部のスコットランド、さらにはアイルランドに逃れ、ケルト語はこれらの地域の言語に今日でも子孫として連なっている。

　古英語には標準語が存在せず、いくつかの方言が認められているが、ウエスト・サクソン方言による文献が標準的となっていった。

　教皇グレゴリウス（Pope Gregory）が６世紀末にブリテン島のキリスト教改宗に着手するが、今も残る文献はみなそれ以降のものである。その中には、アルフレッド大王によるとされる『アングロ・サクソン年代記』（*The Anglo-Saxon Chronicle*）、叙事詩『**ベオウルフ**』（*Beowulf*）がある。

　今日使われている英語の語彙には古英語起源のものも多くある。人称代名詞 you、he、she、基本動詞 do、go、see、look、基本的な生活語である man、child、father、mother、land、sheep、sun などである。逆に言えば、コミュニケーションの基礎を成す日常的な語が今日まで脈々と使い続けられたということであろう。

　６世紀末に始まるキリスト教への改宗にともなって、聖職者たちによるラテン語からの借用も多くあった。angel、hymn、priest などの教会に関連した語や教会が学校や医療に関与した痕跡を残す語もこの頃にある（school、master など）。

　スカンジナビア半島にいた**バイキング**（the Vikings）は、5、6 世紀以降、ブリテン島を含めヨーロッパ中を荒らしまわった。当時のブリテン人はバイキングをデーン人と呼んでいたが、10 世紀末には一時期イギリスはデーン人の王の支配下にあった。デーン人の言語は古ノルド語（Old Norse：ON）と

呼ばれ、そこからは本来の古英語にある語と同じくらい日常的な語が借用された。call、get、give、want、root、seat などである。特筆すべきは they、them、their や、till、though のような機能語[1]までが英語の中に入り込んでいることである。

また、古英語の文法的特徴は、名詞、代名詞、形容詞、動詞が**屈折変化**（inflection）をしていることである。名詞にも弱変化するものと強変化するものがあって、男性名詞、女性名詞、中性名詞の性（gender）の別があり、近代英語では人称代名詞に残るのみだが、格（case）の変化もある。屈折変化が顕著な言語を**総合的言語**（synthetic language）、屈折変化が少なく、文法的な役割を、主として語順などが担う言語を**分析的言語**（analytic language）と言うが、英語は古英語から現代を見れば、総合的言語から分析的言語に変化してきたと言える。

ブリテン島に移住してきたゲルマン民族は**ルーン文字**（the Runic Alphabet）と呼ばれる文字を持っていたが、古英語ではキリスト教の布教とともにもたらされた**ローマ・アルファベット**（the Roman Alphabet）とそれを合わせて自分たちのアルファベットを生み出した。

2-3 〉中英語

古英語期と**中英語**期を分ける言語変化に大きな影響を与えた事件は、1066年にブリテン島をノルマン人が征服した事件、「**ノルマン人の征服**（the Norman Conquest）」である。

北フランスのノルマンディー地方の公爵ウィリアムが王位継承権をめぐってイングランドに侵攻し、イギリス王の王位を獲得してノルマン朝を創始した。イングランドは異民族に支配されることとなり、アングロ・サクソンの支配階級は一掃され、英語史にとって重要なことに、ノルマンディー公ウィ

---

[1] 代名詞、前置詞、接続詞などの文法語を言う。

リアムがフランス語（ノルマン・フランス語）を話し、英語は理解しなかったために、フランス語が「公用語」となった。王に仕える家臣も聖職者ら知識人も行政官もフランス語を話した。したがって、英語は被支配者の言語となったのである。その後、およそ150年間、フランス語が政治、行政、法律、教会の言語となり、加えて、ラテン語が学問のことばとして使われた。英語は庶民の話すことばと見なされていたであろう。英語はフランス語、そして学術用語などの高級語彙に関してはラテン語と融合しながら発展することになった。英語は権威ある言語としての地位を失い、各地で方言として用いられることになったのである。

イギリス人でも、ノルマン人貴族とよく接する上流階級の者はフランス語を身に付け、商人、地方の聖職者など、イギリス人と日常的に接する必要のあるノルマン人は英語を知る必要があった。このような**2言語併用**（bilingual）状態にあって、フランス語は何人（なんぴと）であれ、社会的地位が高いことを表す言語となり、英語は被支配者の言語となったが、それらの接触により大量のフランス語の流入を受け、急激な変化を受けていた。英語で書かれた文学の伝統はしばし途切れた。13世紀に英語が再び書きことばとして使われるようになるまで、英語は大きく変貌した。

しかしながら、この150年間が過ぎ、13世紀に入ると、英語が復権を始める。エドワード3世（在位1327-1377）が王位継承権を主張してフランスに侵攻して始まった百年戦争（Hundred Years' War 1337-1453）はイギリスの敗北で終わったものの、フランス語は敵国の言語となり、結果として英語の地位は高まった。

14世紀になってチョーサー（Geoffrey Chaucer 1343頃-1400）らの作家たちが英語で作品を発表し始めた。1362年、大法官（Chancellor）は議会の開会宣言を初めて英語で行った。中英語期の後期になるが、1476年にキャクストン（William Caxton 1422頃-1492）はロンドンにイギリス最初の印刷所を作り、後述する英語の標準語化に貢献した。

チョーサーとキャクストンは、ロンドン方言から英語の文章語が生まれて

いった象徴でもあるが、英語の文学が復活したとき、その英語は古英語の復活ではなく、フランス語とラテン語の要素が加えられた新しい英語だった。英語が再び文章語の地位を回復した後のフランス語との融合の痕跡は明らかである。

英語がフランス語から吸収した語彙には、日常的な語のほか、政治、宗教、法律、軍、社交、医学、芸術、洗練された食事などの生活に関するものなど多数にわたり、英語は豊富な語彙を持つようになった。起源としてはフランス語だが、今日の英語の基本語になっているものも多くある[2]。

例えば、father、mother、brother、sister は古英語からの語だが、aunt、uncle、nephew、niece などはフランス語に置き換えられた。興味深いことに、古来の英語とフランス語からの新しい語はそれぞれ役割を違えながら併存して今日に至っているものも多い[3]。sheep「羊」と mutton「羊肉」、child「子ども」と infant「幼児」、buy「買う」と purchase「購入する」の対などは、前者は古来の英語、後者はフランス語起源の高級な語という、わずかに意味やニュアンスが異なる同義語（synonym）として現在の英語にも残っている。fight「けんか」と battle「戦闘」のように意味が完全に異なったものもある。これらの現象は、ちょうど日本語における「大和ことば」と「漢語」の関係に似ている（「買う」と「購入する」の関係はまさにそうである）。

ところで、このような対はコミュニケーションに関わる社会言語学的な現象でもある。現代の英語においても、数多くの借用語（第6章参照）があるが、どちらかと言うと積極的に取り入れているところがあると思われる。日本語の状況にも似た側面がある。コンピュータ用語などまったくこれまでなかった概念が入ってくると、それは既存のことばと競合関係にはならないだろうが、競合関係になった場合、どのようなことが起こるかは言語学的には興味深い事態だ。そして、このノルマン人の征服の場合、入ってきたことばが支配者のことばであり、基本的に支配者層が用いていたというところが、現代

---

2 ラテン語から借用された語は、医学、法律、神学、科学、文学などに関わる専門語が多かった。
3 後述する意味論、社会言語学で言うレジスター（言語使用域、register）の違いとも言える。

日本の状況と異なるところだろう。

　中英語における大きな変化の今1つは、文法上の屈折変化を失ったことである。複雑な屈折語尾が失われてゆく傾向が促進され、名詞は、men, mice, feet, children などを除き語尾に -s を付けて複数形を作り、動詞は told, caught などのいわゆる不規則変化動詞を今に残しながらも、語尾に -ed を付けて過去、過去分詞を作る規則変化の方向に進んだ。

　13世紀から14世紀にかけてのフランスとイギリスの百年戦争の背景には、豊富な経済力を持った新興中産階級の台頭があった。彼らは本来フランス語とは無縁であり、英語の重要性を高める1つの要因となった。

　中英語期の特徴の1つに、地域方言の著しい多様性がある。中英語には、15世紀頃まで古英語期のウエスト・サクソン方言のように広範囲に及ぶ方言は存在しなかった。人々はそれぞれの地域の方言に特有の綴り、語形を用いて英語を書いていたのである。

　しかし、14世紀から15世紀にかけて、ロンドン方言をもととして標準語が生まれてきた。それは方言上の特徴やロンドンの置かれた地域性のためでもあったが、交通の要衝、政治・文化の中心で、首都としてのロンドンの役割も大きく作用した。人口の都市集中化は、首都ロンドンの政治的・経済的・社会的、文化的重要性をいっそう高めた。チョーサーがロンドンの英語で作品を書いて評判を得たことも、ロンドン方言が全国を支配する原動力になった。キャクストンらが印刷して発行した書物も、標準英語としてのロンドン方言を全国に普及させた要因の1つである。

　綴字にも変化が生じた。ノルマン・フランス語を使うノルマン人はフランス語の綴りの習慣を持ち込んで**正書法**（orthography）の原則を取り入れた。それが英語の綴りの不規則性をも招くことになった。

　書きことばとしては、標準英語と呼ぶべきものが出現した。ヘンリー5世（在位 1413-1422）は公文書に英語を用いる方針を打ち出し、大法官庁（Chancery）が文書作成機関として書きことばとしての英語の標準化を促した。キャクストンが1476年に大陸から活字印刷機を持ち帰って、ロンドン

で活字印刷を始めたことも、書きことばとしての標準英語の普及に大いに役立った。

2-4 > 近代英語

　キャクストンの印刷機の導入による活版印刷などが標準文語英語（書きことば）の成立に寄与したように、テクノロジーが広義のコミュニケーション、そして言語に影響を与えることはしばしばある。しかしながら、中英語からその後迎える**近代英語**の時代への区切りの1つとされるのは、**大母音推移**（Great Vowel Shift）という大きな母音体系の変化が収束を迎え、語尾変化が消失したことであるが、それらがなぜ起こったかは定説がなく、よくわかっていない。このような言語上の変革とのつながりは明らかではないが、この時代に起こったことと言えば、イギリスが中世と呼ばれる時代を終えて、ルネサンスを迎え、英語としては、標準英語が確立し始めたということだ。シェイクスピアの登場もこの時代にあたる。

　一般的に、1500年が中英語から近代英語の区切りとされている。現代の英語へと連なる形が整えられた時代だ。しかしながら、現代英語の始まりとされる1900年までの400年間をひとまとめにくくるのはあまりに大ざっぱなので、通常、英語のこの時代を初期、後期に分けて考える。**初期近代英語**（Early Modern English）は1500年頃から1700年頃、**後期近代英語**（Late Modern English）は1700年頃から1900年頃と考えるのが普通である。また、1900年頃以降の英語は**現代英語**（Present-day English）と呼ばれる。

2-5 > 初期近代英語

　初期近代英語期における英語史上の大きな出来事の1つは、中英語期から起こっていた大母音推移と呼ばれる母音の発音の大きな変化が収束を迎えることだ。この大きな変化はほぼ1400年から1600年にかけて起こっていたと

表 2-1　大母音推移 (THE GREAT VOWEL SHIFT)

The Great Main Vowel Shift				Later Developments		
14th Century				21st Century		
tim	iː	>	əɪ	→	aɪ	time
grene	eː	>	iː	=	iː	green
brek	ɛː	>	eː	→	ɛɪ	break
nam	æː	>	ɛː	→	ɛɪ	name
boote	ɔː	>	oː	→	əʊ	boat
mone	oː	>	uː	=	uː	moon
hus	uː	>	əʊː	→	aʊ	house

出典：Schmitt and Marsden (2006)

される。始まりがいつで、どのような要因で起こったかは定かではないが、長母音が最も大きく変化した。

例えば、表 2-1 にあるように、tim（現在の time）の母音は 14 世紀、すなわちこの大推移の前には [iː] と発音されていたが、その後 [əɪ] となり、現在の [aɪ] に至っている。そのほかにも表 2-1 にあるような変化が起こった。（簡略の発音記号で言うなら）[iː] が [aɪ]、[uː] が [au]、[eː] が [iː]、[oː] が [uː] などと変化したのである[4]。

これにより、英語はほかのゲルマン語から音韻が大きく異なるようになる。現代ドイツ語では男性名詞の Name の発音は [naːme] だが、それに相当する英語の name は現代では [nɛɪm]、もしくは [neim] である。同じゲルマン語の兄弟でありながらかなり異なる発音になったわけである。

この変化の痕跡は、今日の多くの英語の綴りと発音に見てとることができる。例えば、a という綴りの発音はしばしば [a] ではなく [ei] であり、ɪ が [i] ではなく [ai] となるのは、この大母音推移の結果である。現代英語の単語の綴りと実際の発音とにしばしば乖離が見られるのは、発音は大母音推移

---

[4] 同様の変化は、800-1200 年の中国語、ノルウェー語、今日のイギリスのコックニーにも見られると言う（中尾 1989 p. 163）。

を経て変化しても綴りはそれ以前のものを使用しているからである。

　またこの時期に起こったこととして取り上げられるべきことは、書きことばの標準英語の確立と普及である。先にも触れたが、その要因の1つは印刷術の発達である。キャクストンは大陸で印刷術を学び（ドイツでグーテンベルクが活版印刷術を発明したのが1437年）、1476年に印刷所を開いた。自分で英訳した作品やチョーサーの『カンタベリー物語』（*The Canterbury Tales*）などを印刷して、英語の文化と知識の拡大にも貢献した。

　書きことば、文章語の始まりはすでに1400年頃に見られるが、南東方言であったロンドン方言はロンドンへの人口の大量流入で南東中部、北東中部方言にも影響が波及し、ロンドンの英語が文章語の規範となっていく。それに加えて、印刷というコミュニケーション・テクノロジーの発達、普及が書きことばの標準英語の成立に寄与した。

　またこの時期の英語への影響で見逃せないのが、ウィリアム・シェイクスピア（William Shakespeare 1564-1616）の作品である。イギリスでのルネサンスは1500年頃から1650年頃とされるが、学校教育が普及し、古典作品の翻訳も盛んになった。シェイクスピア自身はラテン語もギリシャ語もできなかったとされるが、多くの翻訳語を用いて英語の語彙の増加に貢献した。ただ、英語の語彙ではそれまでに築かれたラテン語、ギリシャ語で表現された世界を十分に表し尽くせず、学術用語などの高級語彙を中心として大量の借用（borrowing）もなされた。英語の語義の貧困を嘆く声もあったと言うが、英語の復権がなされた。

　1611年には『欽定訳英語聖書』（*The Authorized Version of the Bible*（*King James Bible* とも））も出版されたが、これには英語本来の語が多く使われ、近代英語の基礎の一部を築いた。

2-6 〉後期近代英語

　後期近代英語の時代を表すものには、イギリスのルネサンスの終息や17世紀後半の合理主義的言語観を反映していると考えられる辞書や英文法書の出版などがある。この時代を代表する辞書は1755年に出版されたサミュエル・ジョンソン（Samuel Johnson 1709-1784）の *A Dictionary of the English Language* で、網羅的で現代の辞書に通ずる。また、当時の英文法書は**規範的**（prescriptive）で、現代の言語学の**記述的**（descriptive）な態度とは異なる。現在の学校文法のもととなったと思われる文法書もこの頃出版され、現在の**伝統文法**（traditional grammar）と呼ばれる礎がこの頃築かれたと言ってよいだろう。このような規範文法により英語は標準化された。今日世界に広がっている英語は次章で見るように多様化していると言いながらも語彙、および文法が基本的に統一されているのはこの時期の英語の規範意識のなせるわざとも言えるだろう。

　また英語を取り巻く状況として、1700年以降に英語に大きな影響を与えたものに、アメリカ合衆国の独立とイギリスの植民地政策がある。英語は世界のことばとしての道を歩むことになる。19世紀はイギリスの時代とも言われるが、産業革命を経た資本主義経済に乗り、アメリカへの移住（後に独立）や植民地政策によって英語は世界の言語となっていく。

　この時代で特筆すべきことはOED（*The Oxford English Dictionary*）の編纂・出版だ。大陸の影響を受けて始まった編纂の基本方針は歴史的原理に則るというもので、採録する語彙は1100年以降のもので、各語の語形と語義の変遷を精密に客観的に記述することに努めた。したがって、最初の意味はどういうもので、いつ頃から使われ始め、どのように語形が変わってきたか、現在使われていない語については最後に使われたのはいつか、を知ることができる。1857年に編纂が開始され、1928年に全10巻に製本された完全版が再発行され、後に12巻になり1933年に1,000ページにおよぶ補遺が刊行された。1857年から始まったこの辞書編纂の、上述の指針に沿って、初期中英

語期から英語の文献に現れたすべての語に関して、その過去から現在まで意味と別法が記録されている。1989 年に全 20 巻から成る第 2 版が刊行されるまでの長きにわたって補遺が重ねられた。現在では CD-ROM 版、オンライン版がある。まぎれもなく最大の英語辞書であり、英語辞書の金字塔と言ってよい。

2-7 〉現代英語

　1900 年以降の英語は**現代英語**と呼ばれている。20 世紀はアメリカの時代とも言われるが、英語の中心もアメリカに移った感がある。2 度の大戦、大きな社会変革、テクノロジーの進化がめまぐるしく起こったこの時代は、英語という言語の面でも多くの新語が生まれるなどめざましい変動を見せた。

　英語は多くの借用を行って語彙を豊かにしたが、この時代におけるアメリカも例外ではない。言うまでもなく、通信や交通の便が格段に向上し、人、文物の交流が格段に盛んになったことが大きな理由である。世界中の人と物とことばがアメリカに流入した。また、アメリカに始まるさまざまなマイノリティ解放運動や社会変革の動きが生み出したマスメディアに関わる語、PC（Politically Correct）語（差別、偏見を防ぐことを目的とした語）、コンピュータや電子メディアの普及による語、ハリウッドに代表されるエンターテイメント・ビジネスに関わる語などアメリカ発の新語も多い。

　英語に限った話ではないが、このように英語の変遷を概観すると、さまざまな政治的・経済的動向やテクノロジーの変革が言語の変化に影響を与えていることがわかるであろう。言語は決して真空無風の状態にあるのではなく、そして人がことばを使うということだけでなく、人が使う物との関わりでも変化してゆくのである。

□　参　考　文　献　□

〈日本語〉

市河三喜，松浪有（1986）『古英語・中英語初歩』研究社．

風間喜代三（1993）『印欧語の故郷を探る』岩波書店〔岩波新書〕．

寺澤盾（2008）『英語の歴史——過去から未来への物語』中央公論新社〔中公新書〕．

中尾俊夫（1989）『英語の歴史』講談社〔講談社現代新書〕．

中尾俊夫，寺島廸子（1988）『図説　英語史入門』大修館書店．

橋本功（2005）『英語史入門』慶應義塾大学出版会．

〈英語〉

Baugh, A. C. and Cable, T. (2013) *A History of the English Language*. 6th ed. Routledge.

Bruce, M. and Robinson, F. C. (2011) *A Guide to Old English*. 8th ed. Blackwell.

Burrow, J. A. and Turville-Petre, T. (2004) *A Book of Middle English*. 3rd ed. Blackwell.

Crystal, D. (2005) *The Stories of English*. Penguin.

Schmitt, N. and Marsden, R. (2006) *Why is English Like That?* University of Michigan Press.

■　練習問題　■

1．古英語の文法的な特徴を調べてみよう。
2．中英語の文法的な特徴を調べてみよう。
3．近代英語（前期・後期）の文法的な特徴を調べてみよう。
4．英語の変化に大きな影響を与えたと思われる出来事やことがらをまとめてみよう。
5．英米には、OED以外にどのような辞書があるか調べてみよう。

3. 英語の多様化とグローバル化
——世界の英語、国際語としての英語、グローバル英語、そして日本の英語

3-1 〉世界の英語、世界の英語事情

　前章で見た英語の変遷から現代に至る英語の発展はめざましく、劇的ですらある。ヨーロッパの一島国の言語だった英語が、17世紀以降世界各地に広まり、言わずと知れた今日の隆盛を迎えた。第1言語としての使用者だけで約4億人、第2言語としての使用者は約3億〜5億人を擁するまでになったとされている。英語がブリテン島から最初に外に出た大きな出来事はアメリカ大陸への移住である。「新大陸」という呼び名は言うまでもなくヨーロッパ視点の植民地拡張だが、世界各地での大英帝国の植民地政策に乗って英語も拡大を遂げる。20世紀はアメリカの時代とも言われるが、アメリカ合衆国の経済的・政治的・軍事的発展も英語の拡張に寄与した。第2次大戦後、英米などの多くの植民地は独立したが、英語が第2言語（公用語）として残る国々も多くあった。B. カチュル（Braj Kachru 1931-）(B. Kachru 1992) のことばで言えば、英語は2つのディアスポラ（離散）を経てきたのである。英語はそれぞれの地域でさまざまな言語を話す人々の言語でもあった。英語が入り込み、新しい用法が採用され、結果として新しい状況での**土着化（母語化、nativization）**のプロセスをたどることになった（Y. Kachru and Smith 2008、B. Kachru 1983）。「世界の英語」と呼ばれる状況は、数の概念がない日本語の制約から伝わりにくいが、英語の World Englishes という English の複数形が新しい時代の状況を如実に表していると言えよう。

多様な英語が生まれる過程を考えるにあたって、英語学、言語学において関連の深い事象には、**ピジン**（pidgin）と**クレオール**（creole）と呼ばれる現象がある。ピジンとは異なる言語集団がコミュニケーションのために生み出した混成語、またその過程である。語彙は限られ文法は簡略化されているのが特徴である。そして、時が経つとピジン話者の第2世代がピジンを母語として生まれ育つことがあり、その第2世代で母語化したもの、もしくはその過程をクレオールと呼ぶ。この現象はスペイン語、フランス語など英語以外の大言語と現地語との間にも見られた。すべての多様な英語がこのような成り立ちをしているとは言えないが、言語の変遷を考えるうえで重要な概念である。前章で見た、ノルマン人の征服によるフランス語の流入など、さまざまな言語接触、さまざまな人たちの間の交流によって言語が成り立つことがしばしばあるのである。

　英語の世界への拡張は、多様な英語を生んだ。インド英語、シンガポール英語（シングリッシュ（Singlish））などが身近なアジア圏ではよく知られているが、これらの**新英語**（New Englishes）を生み出している要因は、英語の拡張（当該の国々にとっては流入）が植民地支配によってなされており、独立後も**国内の共通語**（intranational language）として用いられているということだ。国内で使われることで土着化し、英語の変種が生まれるのが一般的である。日本のように、英語が外国語、学習言語である国とは異なった発展、変化を示している。

3-1-1 三大英語円圏

　このような世界の英語の状況を描写したものにB. カチュル（B. Kachru 1992）の**三大英語円圏**（Three Circles of English）がある。カチュルは世界の英語状況を、同心円である「**内円圏**（Inner Circle）」、「**外円圏**（Outer Circle）」、「**拡大円圏**（Expanding Circle）」の3つの円で表した。「内円圏」とは従来のいわゆる英語圏のことで、アメリカ、イギリス、オーストラリアなどである。「外円圏」は英語が多数派の人たちの母語ではなく、第2言語とし

て公用語になっている国々で、先にも触れたようにこれらのエリアではしばしば英語は国内の共通語でもある。インド、シンガポール、ナイジェリアなどがそれにあたる。そして、「拡大円圏」とは、日本、中国、ロシアのように、英語が外国語で、学習の対象となる国々である。

　本書でもこの用語を採用することにしよう。次章以降もしばしば世界の英語を事例として英語学のさまざまなトピックを論じるが、この三大英語円圏の語を使うことにする。

```
Expanding Circle
日本、中国、ロシアなど
  Outer Circle
  インド、シンガポール、
  ナイジェリアなど
    Inner Circle
    アメリカ、イギリス、
    オーストラリアなど
```

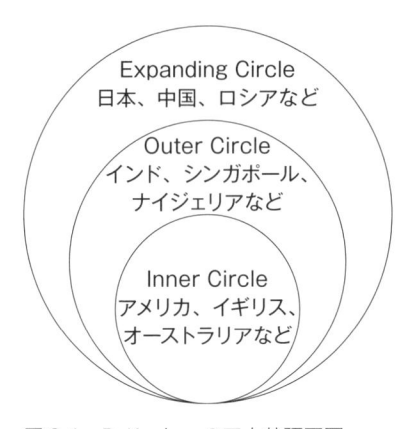

図 3-1　B. Kachru の三大英語円圏

　ただし、英語が多様化することは、上のような国ごとの現象だけではない。例えば、アメリカ合衆国における、アフリカ系アメリカ人の英語は Afro-American Vernacular English（AAVE）、エボニクス（Ebonics）と呼ばれ、たんなる 1 言語の方言とは片付けられない様相を呈している。これについてはアメリカのバイリンガル教育の問題として論争になったこともある。簡単に言えば、バイリンガル教育の制度のもとでは各教科に英語とそれ以外の言語の教師とが必要になるが、エボニクスが外国語と認められれば、エボニクス話者の教師を配置することになる。人件費も問題となり、議論になった（「エボニクス論争」アメリカ合衆国カリフォルニア州、1996 年）。多言語は

多人種、多民族の表れで、アメリカの国力の根幹だという考え（English Plus など）がある一方で、多言語化は国を分断するとして、English Only などの運動も広がりを見せた。

　国際政治、国際メディアのレベルでも英語は勢力を広げた。1919 年のヴェルサイユ条約から、国際条約は英語でも書かれるようになった。かつてはフランス語だけが用いられていた。「国際語としての英語（English as an international language）」が制度的なレベルで表れたのである。官民ともにいわゆる国際会議では英語が用いられるのが普通となった。メディアを介したさまざまなメッセージが英米圏以外の公人からも英語でなされることが多くなった。

3-1-2 英語の世界語化の要因

　英語が「世界語」となった理由は英語そのものにあるという考えもある。前章で見たように、英語が格変化などの屈折を消失させることで学びやすい言語となったこと、借用語が多く、さまざまな言語から語彙を取り入れたこと、もちろんアメリカ合衆国の経済力のなせるわざだが、コンピュータ用語など時代を反映した多くの語彙を持っていること、音声的な豊かさが多くのほかの言語話者にとって学習しやすいということなどもあげられるだろう（Schmitt and Marsden 2006（第 2 章参考文献参照））。

　しかしながら、それでもやはり英語の世界的な拡張は、第 1 にはイギリス、アメリカという大国の発展の産物にほかならない。これら 2 国の大国としての拡張が英語の拡張の大きな要因であることは疑いない。ある 1 つの言語が世界的な言語になるとわれわれは無意識になりがちだが、英語は言語的にも言語史的にも普遍ではない。国力が、そしてそれにともなう人やソフトウェア的、ハードウェア的両面の文物の流れが英語をそのように思わせる言語に押し上げたのである。英語学を学ぶにあたってもそのような英語という言語の相対化、客観化は必要かつ、有効であろう。

3-2 〉国際語としての英語

英語の世界的な広がりが生み出した1つの現象が前節で見た英語の多様性であるが、当然ながら多様性は相互の理解を阻害する可能性がある。くせのあるインド英語は、いかに文法がシンプルでも発音に慣れなければ理解しやすいとは限らない。ナイジェリア英語とシンガポール英語の話し手たちからも、聞き慣れないことばや発音を多く耳にすることだろう。

英語が国際的な共通語になったことによるもう1つの問題は、国際的なコミュニケーション状況での言語的不平等である。英語でコミュニケーションするとなれば、英語の母語話者が有利になるのは明白だ。それ以前に、非母語話者は英語母語話者がしなくてもすむ努力を強いられることになる（その努力がその人の人生を豊かにするかもしれないということは別問題として）。そのような不平等、不均衡を是正すべしという国際的な理念のもとに、さまざまな**制限言語**（controlled language）の試みがなされてきた。自然言語の不規則性や社会・文化の慣習性を過度に反映した側面を「人工的に」取り除き、学習者の学習負担に配慮し、効率的で、より中立的な国際性を意図したのが制限言語である。

英語基盤以外の人工的国際語として知られているものに、ザメンホフ（Ludoviko L. Zamenhof 1859-1917）によって考案された**エスペラント**（Esperanto）がある。ザメンホフの理念では、エスペラントは、文法を単純化させるなどして世界中のあらゆる言語の話者が簡単に習得できるものであり、すべての人にとっての第2言語としての国際補助語となることをめざした。現在でもザメンホフの理想に賛同した使用者が多くいる[1]。

英語基盤の人工言語、単純化された言語（英語）として知られているものに、イギリスの言語学者オグデン（Charles K. Ogden 1889-1957）が考案したBasic English がある（Ogden 1930）。Basic English は、基礎語850語と簡略

---

1 しかしながら、すべての言語から等距離で中立的な言語ということではなく、ヨーロッパの言語が基盤になっていることは明白である。

化された文法から成り、すべての事象を表現できるとされる。25,000 語の辞書があるとして、そこから重複を取り除き、単純な語で組み合わせれば表現できる語をさらに取り除けば、もとの辞書の概念の 90％は 850 語で表現できるという。動詞、名詞が少ない分、複数の語を組み合わせて表現するのである[2]。この考えは、後に、航空宇宙産業や防衛産業で活用される AECMA（Aircraft European Contractors Manufacturers Association）などの Simplified English（または Simplified Technical English）やアメリカ合衆国の国営国際放送 Voice of America で用いられる Special English などに連なり、英語教育でも用いられる制限言語の基礎を築いた。近年のジャン＝ポール・ネリエール（Jean-Paul Nerrière）によるグロービッシュ（Globish）なども同じ流れにあると言えよう。また、そのほかに企業からは、Caterpillar 社の Caterpillar Technical English（CTE）のほか、Boeing 社、GM 社、IBM 社らが制限言語の策定を試みた。これらはみな次節のグローバル英語につながる展開だが、基本的な考え方は、ビジネス文書の英語をわかりやすく適切に伝えるということである。

　このように見ると、「国際共通語としての英語」も、さまざまな背景を持った側面があることがわかるだろう。政治の世界においては、先に触れたように 1919 年のヴェルサイユ条約から、条文がそれまでのフランス語に加えて英語でも併記されるようになった[3]。それまではフランス語が国際的な文書の言語であった。20 世紀は「アメリカの時代」とも呼ばれたが、アメリカの政治・経済的影響力とともに、ハリウッド映画をはじめとしてアメリカのエンターテイメントの産物としてアメリカ文化とともにアメリカ英語が世界に広く行き渡る一方で、それを「英語帝国主義」として対抗する思想も生まれてきた（津田 1990 など）。

2　もちろん、単純に考えてもこれが最も効率的で学習負担が少ないと言えるかは難しい問いである。a person who loves his or her country and defends it when necessary（Cambridge Dictionaries Online）と言うのと patriot（愛国者）という語を憶えるのとではどちらが負担が大きいとは簡単には言えない。
3　山田秀男（2003）『フランス語史　増補改訂版』（駿河台出版社）

国際共通語としての人工語や簡略英語による国際語としての英語の開発は、このような英語を取り巻くさまざまな状況を背景として英語の母語話者、非母語話者によって行われてきた。国際理解を理念としたものにせよ、反「英語帝国主義」的なものにせよ、ビジネス基盤のものにせよ、その是非はともかく、国際語としての英語への試みは、英語という言語が世界の共通語的な役割を実際の国際的なコミュニケーションのレベルで担っていることの反映であろう。書物や文書による情報伝達の場合よりも、口頭でのコミュニケーションの方が、英語母語話者の優位、非母語話者の不利がより顕著に感じられるということもあるのかもしれない。いずれにせよ、英語母語話者と非母語話者との接触の頻度がそれ以前とは比べものにならないくらいに増大したことが起因していることは疑いようがない。

3-2-1 「読みやすさ」への動き

　そのような状況に加えて、近年、次節に述べるような電子的なコミュニケーション・テクノロジーの進化にともなって生まれてきた英語に対する国際的な要請は、「わかりやすさ」、「読みやすさ（readability）」とその指標である。これはイデオロギーや不平等などということよりも実際的で実利的な要請である。

　ビジネス文書作成の世界ではよく知られているわかりやすさ、**読みやすさの指標**（readability score）に、Flesch Reading Ease Formula、Flesch-Kincaid Grade Level、Gunning Fog Index などがある。これらの読みやすさの指標の算定方法は、基本的に1文の平均単語数、単語の平均音節数で測られる。1文が長いほど難解で読みづらく、音節の多い単語ほど、いわゆるビッグワードで難解な（おそらく多くはラテン語、ギリシャ語起源の）単語だという想定である。スコアの表し方は指標によって違うが、例えば、Flesch Reading Ease Formula では1〜100点でスコアが表され、Flesch-Kincaid Grade Level や Gunning Fog Index ではスコアが学校の学年（grade）のレベル（小学校1年生は1、中学校1年生は7）で表される。スコアが8.2であ

れば、その英文は8年生（中学2年生）が理解できるレベルであるということだ。Gunning Fog Index では、たとえば *The New York Times* は 11～12、*TIME* は 11、*Reader's Digest* は 7 などとされている。

　このような尺度は国際的なコミュニケーションにおける読みやすさ、わかりやすさの指標としてのみ活用されているだけではない。アメリカ合衆国で1970年代に Plain English Movement（「平易な英語」運動）が起こった際に、大統領による行政命令（12044号）で法規は平易な英語で書き、それに従わなければならない人たちに理解できるように配慮しなければならないとされた。この「平易さ」の尺度とされたのも Flesch の指数だったのである。

　これらの試みは、背景も対象も異なるが、第 14 章「社会言語学」で扱う「スピーチ・アコモデーション理論（speech accommodation theory）」や日本の震災を契機として始まった「やさしい日本語」と通ずるものがある。ことばはコミュニケーション活動を経て変容を受けていくものであると同時に、さまざまな社会的、実務的要請によって影響を受けるのである（次節 p. 36 も参照のこと）。

3-3 ▶ グローバル英語（グローバル・テクスト）

　英語の多様化の一方で、前節に見たような国際語としての英語や制限言語の試みがあるが、それらはいわば理念主導の試みと言える。それとは別の動きとして、いわゆるグローバルビジネスの世界ではある種の標準化の方向でグローバル化が進んでいる。英語の歴史においても現代の短いスパンでの変化を見ても、対人関係を含めた社会のありようやテクノロジーの変化が言語と言語の使用に大きな影響を与えていることは明らかであるが、ビジネスの形態や経済もそれとは無縁ではない。

　テクニカル・コミュニケーション（Technical Communication）は、一般に言語学の分野として取り上げられることはないが、世界的な学会を持ち、わが国でも活発に研究され、議論が重ねられている。主として企業の製品の取

扱説明書やマニュアルなどのビジネス文書の質的向上をめざす研究分野である。中でも言語学、英語学にとっても関連が高い（しかし、注目されることはこれまでのところない）領域は、**グローバル英語**（Global English）、**グローバル・テクスト**（Global Text）と呼ばれるビジネス文書である。

3-3-1 グローバル・テクストとローカライゼーション

例えば、輸出企業にとっては、製品を海外に出すにあたって、当然ながら輸出先の国の言語で取扱説明書を作成せねばならない。しかし、輸出先が多数にわたると、各国語版をつくるのは手間もかかるし、コストもかかる。それに対する近年の取り組みとしては、機械翻訳にかけても（理解しうる程度の）現地語になるように、できるだけシンプルで解析しやすい英語を用意し、それを機械翻訳などで現地語化、すなわち**ローカライズ**（localize）するという方法をとっている。

もちろんローカライズするといっても、機械翻訳であるから、高尚な翻訳どころか、そもそも完璧な訳は望めない。文学作品ならこのような方策はとられないだろう。しかし、取扱説明書レベルであれば、微細な翻訳の機微に頓着されることもあまりなく、小さな誤りであれば大目に見ることができるというものだ。最終的にユーザーに渡る取扱説明書などの文章のクオリティよりもコストを優先させたのである。

このようなビジネスの世界で起こっていることを、対岸の火事と捉えてはいけない。言語学、英語学の観点から注目に値することは、これらの営みが前節で述べたような理念に燃えたイデオロギーを基盤としてわき起こった国際共通語としての英語の改良運動よりも広範囲で大規模に起こっているということだ。利益基盤の人の営みには現代社会においては強力な動機付けがある。前章の英語の変遷のところでも見たように、言語変化や言語のありようも社会の変化やテクノロジーの変化に起因することが多々ある。

グローバル英語、あるいはその産物であるグローバル・テクストは、コスト削減重視、利益重視のビジネスの世界が生んだ、シンプルで明快な英語

（テクスト）であり、いわばテクニカル・コミュニケーションが生み出した集合知なのである。自国の言語で発想され言語化されたアイディアが、機械翻訳などにかけられることを意図して修正され（しばしば簡略化され）、出荷先の国々で翻訳される、すなわちローカライズされるというのがグローバル・マーケットにおける流れだ。

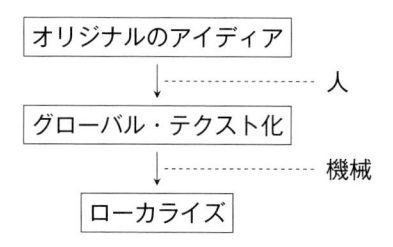

```
オリジナルのアイディア
      ↓ ────────── 人
 グローバル・テクスト化
      ↓ ────────── 機械
   ローカライズ
```

国際企業にとって、この業務は必要不可欠な国際展開の一部である。つまり、グローバル・テクストとローカライゼーションとは企業の多言語展開にほかならない。

3-3-2 グローバル英語の一事例

具体的にグローバル英語、グローバル・テクストとはどのようなものかを簡単に見てみよう。テクニカル・コミュニケーション、グローバル英語のバイブルとされる Kohl (2008) によれば、グローバル英語とは、「一般的なライティング・スタイルのガイドライン以上に世界の読み手に最適化した文章英語」であるとされ、特に次のような目的に向けたガイドラインに沿った英語である。

・翻訳の妨げとなるあいまいさを排除する
　（eliminating ambiguities that impede translation）
・非母語話者（たとえかなり英語に堪能でも）が見慣れないと思われる、珍しい非専門語や普通ではない文法構造を排除する

(eliminating uncommon non-technical terms and unusual grammatical constructions that non-native speakers (even those who are quite fluent in English) are not likely to be familiar with)
・英語の文構造をより明確にし、非母語話者が分析し理解することをより容易にする
(making English sentence structure more explicit and therefore easier for non-native speakers (as well as native speakers) to analyze and comprehend)
・不必要な矛盾を排除する
(eliminating unnecessary inconsistencies)

(Kohl 2008: 2)

要するに、読みやすく (readable)、翻訳しやすい (translatable)、ビジネスベースでの読み手志向の英語である。このようなガイドラインに沿った方策の事例を見てみよう。

関係代名詞は先行詞があいまいであることがある[4]。例えば、

Click *overview* to view short <u>descriptions</u> of the <u>products</u> **that include information links**.

の太字部の関係代名詞節の先行詞は下線部の descriptions と products の両方でありうる。このようなあいまいさはグローバル英語では避けられるべきと考えられるので、例えば、

Click *overview* to view short descriptions of the products. Each description includes links to more-detailed information.

---

4 言語学において、「あいまいさ (ambiguity)」とは2通りに解釈できるということを意味し、何を指して言っているかがわからない「不明確さ (vagueness)」とは異なる。

と2文にする。これらの文では "includes links ..."（もとの文であれば "include information links"）の主語が何であるかを明確にされている。また、"information links" は一般的なことばながらもその2語の組み合わせによって意味するところは必ずしも非専門家には明白ではないので、"links to more-detailed information" と書き換えているのである（Kohl 2008: 85（フォントなど表記は筆者が改編））。

前節の制限言語との1つの違いは、簡潔に言えば、制御の度合いの緩やかさである。制限言語の場合、語彙や文法構造を限定するなどしてより強い制御をするのに対して、グローバル英語の制御は、読み手志向であり、想定される非母語話者の熟達度に応じた理解を中心に考える。グローバル英語では「避けられるべき（should be avoided）」語彙や文構造により強調が置かれ、制限言語は「許される（allowed）」表現のリストという色彩が強い。

3-3-3 グローバル英語の言語学的意義

前節の国際言語としての制限言語と本節のグローバル英語、グローバル・テクストは、英語学、言語学的な観点から考えると、言語のあり方に関わるいくつかの側面を浮き彫りにさせることになるだろう。

まず第1に、第2章の英語の歴史的変遷のところでも見たように、言語のあり方や変化はしばしば社会やコミュニケーション・テクノロジーの変化によってもたらされるということだ。ノルマン人の征服によるフランス語の流入によって英語が大きな変容を受け、印刷術の革新が英語の標準化をもたらしたように、グローバル英語は、国際ビジネスの広がりという社会の変化と機械翻訳の普及というコミュニケーション・テクノロジーの変革がもたらしたものだ。すなわち、社会が生み出した1つの社会言語学的産物なのである。

第2に、グローバル・テクスト化は必ずしも文の簡素化を意味しない。むろん簡潔な表現が志向されるが、先の例で言えば、同じ語を繰り返したり（"description"）、"information links" を "links to more-detailed information" とパラフレーズしたりするように、あいまいさや不明確さを避けるためにむ

しろことばが多くなることもある (Bernth 1998)。このことは、逆に考えれば、われわれの通常のコミュニケーションがいかにあいまいさや不明確さを内包しつつ、暗黙の共通の理解に依存して行われているかを表している。グローバルとは逆の「ローカル」なコミュニケーションでは、多くのことを、いわば「簡略化」して伝え合っているのだ[5]。

3-3-4 デジタルな読みやすさ（デジタル・リーダビリティ）のスケールとその応用

　この尺度の計算法はもちろんアナログにも可能である。しかし、テキストが電子化され、デジタル化されることで、圧倒的に利用価値が高まったことは間違いない。次に見るように口頭でのスピーチも同じようにこの尺度を用いて「わかりやすさ」が測られているが、実際にはそれもいったん電子テクスト化して計算するのが一般的である。

　ことばを電子化、デジタル化し、この尺度を適用することによって見られるものは多岐にわたる。例えば、イギリス The Guardian 紙のウェブサイト

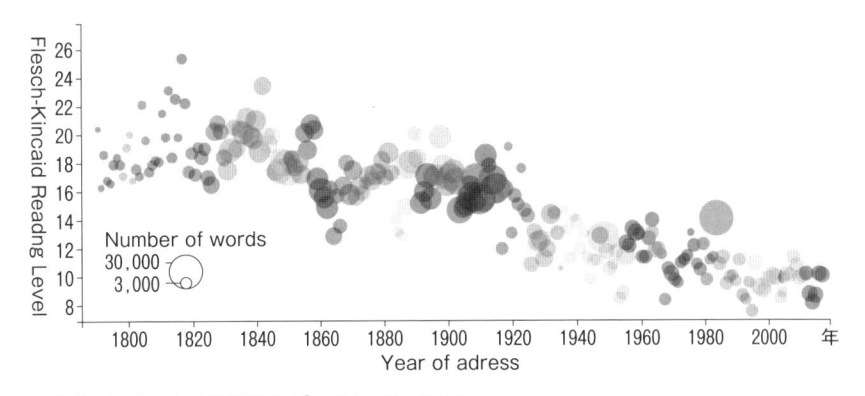

図 3-2　アメリカ大統領のスピーチレベルの変化

http://www.theguardian.com/world/interactive/2013/feb/12/state-of-the-union-reading-level を改編

5　統語レベルのあいまいさについては、第4章、第7章、発話レベルのあいまいさや言外の意味については第10章、第13章で扱う。これらは、ある意味では人間の言語によるコミュニケーションの本質と言ってもよいかもしれない。

では "The state of our union is ... dumber: How the linguistic standard of the presidential address has declined" と題する記事で、Flesch-Kincaid readability test を用いて、アメリカ大統領のスピーチの水準が下がっていると揶揄している。

この *The Guardian* 紙の指摘は興味深いが、"dumber"（「よりまぬけに」）と揶揄するような性格のものであるかは疑問である。むしろ、アメリカ国内の多言語化、英語力の全体的低下、アメリカ大統領の国際的な注目度（世界中が演説を見ている）ゆえの適応（accommodation）と見るべきだろう。

先にも触れたが、これらの試みは、背景も対象も異なるが、第 14 章「社会言語学」で扱う、聞き手に合わせて**収斂**（convergence）、もしくは**乖離**（divergence）的言語行動をとるという**スピーチ・アコモデーション理論**（speech accommodation theory）（Giles and Coupland 1991）や日本の震災を契機として始まった、日本在住の外国人向けの非常時における日本語改革運動「やさしい日本語」（弘前大学・佐藤和之氏ら http://human.cc.hirosaki-u.ac.jp/kokugo/ejpamphlet.pdf）と通ずるものがある。それは言語的メッセージの受け手志向の言語行動である。ことばはコミュニケーション活動を経て変容を受けていくものであると同時に、さまざまな社会的、実務的要請によって影響を受けるのである。

3-4 〉日本における英語

日本の英語受容、そして英語教育の始まりは 1808 年のフェートン号事件に対する対応と考えられている。江戸時代は唯一オランダのみが長崎出島で交易を許されていたため、オランダ語を通じて西洋の学問や文化を学んでいた蘭学の時代でもあったが、この事件を契機に危機感を高めた幕府は一部のオランダ語通詞に英語の学習を命じたと言われている。すなわち、最初の日本の英語学習は国防意識からだったわけである。その後、1811 年の『諳厄利

亜興学小筌』、1814年の『諳厄利亜語林大成』などの英語辞書が出版された。

明治期に入り、新渡戸稲造、岡倉天心らの「英語達人」の時代を迎えるが（斎藤2000）、高等教育は西洋人教師によって担われ、英語（医学部はドイツ語）は教育の言語であった。しかし、その教え子たちが教壇に上がる世代になると、日本語で教育が行われるようになり、高等教育のレベルでも明治中後期には英語力は低下していったという（大谷2007）。

その一方で西洋の概念（語）を日本語に翻訳する試みも盛んに行われた。「自由」、「権利」などはこの時代が生んだ「翻訳語」である（柳父1982）。

その後、日本の英語に対する考えは、熱を帯びる時代と冷めた時代、英語教育の目的として実用主義の時代と教養主義の時代を振り子のごとく繰り返すことになる。大谷（2007）によれば、この「親英語」と「反英語」は40年のサイクルで繰り返されていると言うが、これらは社会の情勢を反映している面もある。

近年では、多くの英語由来のカタカナ語が日本語の日常の語彙に入り込み、2006年の国立国語研究所の「『外来語』言い換え提案」など議論を呼ぶこともあるが、基本的に「借用」の域にあり、Japanese Englishというたぐいのものと考えるべきではない。日本のカタカナ語（英語由来とは限らない）は社会言語学の事象として論じる問題であろう。

参考文献

〈日本語〉

石黒昭博（編）(1992)『世界の英語小辞典』研究社.

大谷泰照 (2007)『日本人にとって英語とは何か──異文化理解のあり方を問う』大修館書店.

斎藤兆史 (2000)『英語達人列伝』中央公論新社〔中公新書〕.

田中春美, 田中幸子（編著）(2012)『World Englishes──世界の英語への招待』昭和堂.

津田幸男 (1990)『英語支配の構造──日本人と異文化コミュニケーション』第三書館.

本名信行（編）(1990)『アジアの英語』くろしお出版.

本名信行 (2003)『世界の英語を歩く』集英社〔集英社新書〕.

柳父章 (1982)『翻訳語成立事情』岩波書店〔岩波新書〕.

〈英語〉

Bernth, A. (1998) "EasyEnglish: Preprocessing for MT." *Proceedings of the Second International Workshop in Controlled Language Applications* (CLA W98). Pittsburgh, Pennsylvania: Language Technologies Institute, Carnegie Mellon University, May 21-22, 1998, pp. 30-41.

Crystal, D. (2003) *English as a Global Language*. Cambridge University Press.

Giles, H. and Coupland, N. (1991) *Language: Contexts and Consequences*. Open University Press.

Jenkins, J. (2009) *World Englishes: A Resource Book for Students*. Routledge.

Kachru, B. B. (1983) *World Englishes and Culture Wars*. In Kachru, B., Kachuru, Y. and Nelson, C. (eds.) (2009) *The Handbook of World Englishes*. Wiley-Blackwell.

Kachru, B. B. (ed.) (1992) *The Other Tongue: English Across Cultures*. Urbana, Ill.: University of Illinois Press.

Kachru, Y. and Smith, L. E. (2008) *Cultures, Contexts, and World Englishes.* Routledge.（井上逸兵・多々良直弘・谷みゆき・八木橋宏勇・北村一真訳 (2013)『世界の英語と社会言語学——多様な英語でコミュニケーションする』慶應義塾大学出版会.）

Kohl, J. R. (2008) *The Global English Style Guide: Writing Clear, Translatable Documentation for a Global Market.* SAS.

Ogden, C. K. (1930) *Basic English: A General Introduction with Rules and Grammar.* Kegan Paul.

Trudgill, P. and Hannah, J. (2008) *International English: A Guide to the Varieties of Standard English.* 5th ed. Routledge.

■ 練習問題 ■

1．ピジンとクレオールの実例を調べてみよう。
2．英語内円圏の言語状況について、ここに属すると考えられる国の状況を調べてみよう。
3．「エボニクス論争」(「エボニクス決議」) について調べてみよう。
4．制限言語、あるいは簡略化された英語に関わる運動のいずれか1つについて調べてみよう。
5．「英学史」とはどのような研究分野か調べてみよう。

4. 現代英語学・言語学の潮流

4-1 > 20世紀の言語学大三角形[1]

4-1-1 構造主義言語学

　言語学の始まりをいつと見なすかには諸説あろうが、本書では20世紀の言語学の展開を現代の英語学、言語学の本流として議論の基礎にしたい。

　現代英語学・言語学の始まり

　近代言語学の父と呼ばれるのは19世紀後半から20世紀初頭に登場したソシュール（Ferdinand de Saussure 1857-1913）である。ソシュールは存命中著書を出版しなかったが、晩年となる1906年から1911年にかけてジュネーヴ大学で行った講義を後に弟子たちがまとめた『一般言語学講義』（*Cours de linguistique générale*）が彼の考えを著したものとして知られている。

　第1章で少し触れたが、どのような革命的な理論も必ずそれが土台としている先行する理論があり、それを乗り越える形で新しい理論的展開がなされている。ソシュールの考えがどのようなものであり、その近代言語学の父と呼ばれるゆえんは何かを論じる前に、彼が乗り越えたソシュール前夜の言語学の大きな流れを見ておこう。それこそが言語学の誕生であるとする見方もある[2]。

---

[1] 「言語学大三角形」という見方は本書独自のものである。すなわち、一般的ではないので、注意を要する。

ソシュール前夜は歴史言語学

　ソシュール前夜の言語学の主流は、歴史言語学、比較言語学と呼ばれる分野であった。むろんこの言語学の分野もソシュールに乗り越えられて消滅したというわけではない。現在も脈々と研究は受け継がれており、第2章で述べた英語史（philology）の分野として今へと連なっている。

　歴史言語学の始まりを象徴的に言うならば、第2章で述べた、インド・ヨーロッパ祖語への探求の始まりがそれであろう。このヨーロッパからインドにかけての広域にわたって見られる諸言語には共通の祖先のような言語があるのではないかと考えたのである。このロマンティックとも言える企てに対して、さまざまな論考が試みられた。

ソシュールの構造主義言語学

　そのような歴史言語学の時代に、新たな地平を切り拓いたのはソシュールの構造主義であった[3]。20世紀言語学の幕開けであり、本書で言うところの20世紀言語学大三角形の最初の一角を形成する[4]。

　ソシュールの構造主義がもたらした新しい転換は、まず第1に「歴史への決別」とも言うべき転換である。ソシュールの構造主義言語学はいくつかの二分法的概念によって、言語学に新しい視点をもたらしたが、この転換をよく表しているのが**共時体**（synchrony）と**通時体**（diachrony）の別である[5]。

　それまでの言語学の主流は歴史言語学だったわけだが、それは言語がどの

2　風間喜代三（1978）『言語学の誕生』岩波書店〔岩波新書〕．
3　「後の構造主義に発展するもととなった思想」と言う方が正確と見ることもできるが、一般的な言語学の流れを学ぶうえではこのように考えてよいと思われる。
4　ソシュールの功績については議論もある。彼がライプツィヒ大学に留学して学んだクルトネ（Baudouin de Courtenay 1845-1929）が先駆者であり、ソシュールのアイディアの源はほぼクルトネから学んだことという事実は否定できないかもしれない。しかし、ここでは一般に言語学の大きな流れを理解するのに、この考え方を代表するものとしてソシュールを扱うことにする。不当か正当かはさておいて、「ソシュールの考え方」と言う方が「クルトネの考え方」と言うより流通度は格段に高い。「クルトネのアイディアを引き継いで有名になったソシュールの考え方」＝「ソシュールの考え方」と考えることにしよう。
5　「共時態」、「通時態」という訳語（訳字？）もあるが、「体系」の意を持たせるよう本書ではこの字を用いることにする。

ように変化してきたかを見ようとする時間の流れに沿った視点である。その歴史的な変化の体系が通時体である。一方、共時体はその時間軸の特定の1時点を輪切りにして取り出してみようとする視点で、ときに「今、現在、現時点での体系」を意味することがある[6]。

ソシュールは言語学の関心をこの共時体に向けようとした。言語学はその意味で大きな転換を迎えることになる。ソシュールが「近代言語学の父」と呼ばれるゆえんである。

第2章「英語の変遷」のところで触れたグリムの法則のように、通時体の視点で見た言語変化はある種の法則に則っていると考えられているが、共時体として見る言語も体系、構造を成していると考える。そして、その共時体としての言語はいわば記号の関係の網の目でできているとされる。この体系を捉えるためにソシュールが持ち出したさらなる二分法はラング（langue）とパロール（parole）である。

言語は言語記号が意味を持つ体系であり、ルールと慣習の体系である。この体系は使用者が同意している約束事の体系、つまり社会的な体系であり、そこから個々の言語記号の実際の使用が生み出される抽象的なものである。これがラングである。一方、個々に生み出される実際の使用は具体的、個人的で、場合によっては言い間違いや言い淀みなどもある。これをパロールと呼んだ。ラングとパロールは抽象と具象という対立であり、雑多で偶然性の高いパロールではなく、抽象的なラングという次元を設定することで、より理論的に言語を扱うことが可能になった。これもまた近代言語学の幕開けという意味でのソシュールの考えの意義である。

ただし、少し考えればわかることに、抽象的な言語、ラングというのは、つまるところパロールを通ってしかたどり着くことができない。その意味でこの抽象／具象という対立は後に見るチョムスキーの「言語能力」／「言語運用」の対立と一見平行関係にあるように思える。しかし、決定的に違うとこ

---

[6] このような視点の問題点については第14章の節「ソシュールのパラドクス」を参照のこと。

ろが、20世紀の言語学大三角形の一辺を構成する意味できわめて重要である。それについては後述するが、ソシュールは理論上、言語の体系は使用者が同意した約束事とした点で社会という存在を想定していることに着目しておこう。

　ソシュールの考えの基本となるのは、言語記号を**シニフィアン**（意味するもの、英語で言えば signifier）と**シニフィエ**（意味されるもの、signified）という構成と考えるアイディアである。一般的に考えれば、シニフィアンは記号の形式的、物理的側面であり、シニフィエはそれが指すもの、指示対象と考えてよさそうだが、それは必ずしも正確ではない。ソシュールはこの２つの結びつきを心的なものと考えているので、人の心の外にあるような形で、「記号」＝「指示対象」と考えるのはやや単純化しすぎだ。むしろ、シニフィエは「心的な表象」と考えるべきで、その結びつきは話者集団の同意した約束事となっている。つまり、

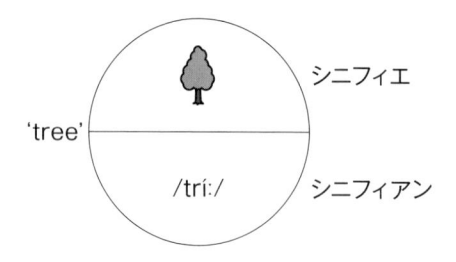

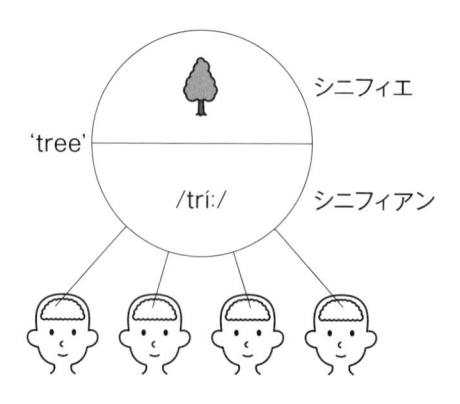

という単独の図式よりも、

44

と考える方がよりこの概念を的確に理解することになろう。

　ソシュールの構造主義が生み出した二分法のうち、今1つは**統合的**（syntagmatic）関係と**範列的**（paradigmatic）関係である。（文が一般に書かれるように横書きになっているとしたら）統合的関係はヨコの関係で、端的に言えば文法的な（統語的、syntactic）な関係である。一方、範列的関係はタテの関係であり、潜在的な関係である。

```
Mr. Inoue    loves      linguistics.
             studies
             teaches
```

文はこの2つのタテとヨコの関係の網の目の中で意味を成す。例えば、

　　He put a finger on his lips.

において、put が過去形であることは、統合的関係と範列的関係の中で理解される。一方で、

```
go      move     put
went    moved    put
```

という文の中でのその位置に起こりうる範列関係にある語群と、他方で

```
He      puts
He      put
They    put
```

という統合的関係が作用し、He put の put が過去形として用いられ、過去を

表した文であることが理解される。英語の規則動詞に付く接尾辞 -ed が過去という意味を担うとするなら、He put... の put には put∅ というように、ゼロの接尾辞があってそれが過去という意味を担っているとも考えられる。つまり、実質を持たなくても（「無」でも）形式（関係）によって意味を持つ記号がありうるということで、ソシュールはこれを**ゼロ記号**（zero sign）と呼んだ。

4-2 ▶ 2つの恣意性

　ソシュールの構造主義言語学が生み出した概念のうち、後の言語学の展開を考えると最も重要と言ってもよいのは**恣意性**（arbitrariness）の概念である。上記のいくつかの二分法的概念はそれぞれに相互に関連し合っているが、重要度ゆえに、これについては節を改めて論じることにする。

　この恣意性には重要な側面が2つある。

　恣意的であるとは、第1にシニフィアンとシニフィエの関係が恣意的であるということである。あることやものを指すのに、ある特定のことばである必然性はない、という意味で恣意的である。例えば、

のような生き物を指すのに、「イヌ（/inu/）」という記号（もしくは文字や音の列）である必然性はない。「ネコ」でもよかったし、「ヌイ」でもよかった。その証拠に、この動物を dog と呼ぶ人たちもいれば、Hund と呼ぶ人たちも chien と呼ぶ人たちもいる。要するに何でもよかったのだ。

← inu
← dog
← Hund
← chien

英語圏の犬好きの人なら、dog の綴りをひっくり返したら god になるのだから、犬には神が宿っているなどと思う、つまり必然性があるとする人がひょっとするといるかもしれないが、そのように考えるにはやはり無理がある。

ただし、ある言語共同体で、あるものを指すことば、呼び名がいったん決まると強い拘束力を持つ。日本語ならこの動物は「イヌ (/inu/)」でしかなくなる。いわば社会共同体がその使用に関して約束事として同意しているからである。その社会的な約束事の集合がラングなのだ。

もう1つ重要な意味での恣意性は、いわば、「区切りの恣意性」である。ことばは世界のさまざまなものにラベルを貼って分類するが（そしてその貼り方は恣意的だが）、どこからどこまでのものに1つのラベルを貼るか、よく似たものとの境目をどこにつけてラベルを貼るかも恣意的なのである。わかりやすい例で言えば、日本語では、兄弟姉妹を男女の区別と年上か年下かの区別の両方の区切りを付けて呼んでいる。しかし、例えば英語では兄弟姉妹の男女の区別はするが、自分より年上か年下かの区別はしない。もしその区別をするなら、younger brother とか elder sister などと説明的な語を付け加えなければならない。

このような区切りの恣意性に、外国語を学んでいるときにしばしば気付くだろう。英語なら1語で water と呼ぶところを日本語では「水」・「湯」と区別する（後者の意味では hot water などとわざわざ言わねばならない）。「羊」を意味する英語の mutton とフランス語の mouton は明らかに同語源のことばだが、同じではない。なぜなら、フランス語では野原を駆け回っている羊も食用に供される羊肉もともに mouton だが、英語の場合、前者は、sheep と言うからである[7]。

ソシュールの考えでは、単純化して言うと、ことばの意味とは隣接することばとの差異であり、それをもとにした関係である。言語とは本来は恣意的に作り出された差異の体系であり、意味とは関係によって生み出される。先述のゼロ記号も（実質がなくとも）ほかとの関係によって意味が生まれるという例の1つである。これが構造主義と呼ばれる考え方のもととなっている、最も原初的なものである。

4-2-1 音素

　このような構造主義言語学が生み出した知見のうち最もよく知られ、言語学の基礎となっているものに**音素**（phoneme）という概念がある。

　言語音は、どの言語においても、実際には微妙に異なる音を1つの音として扱っている。例えば、日本語母語話者は英語などの /r/ と /l/ の区別が一般に苦手だが、それはこの2つの音に日本語では区切りをつけず、「ラ」行音としてひとまとめにしているからである。/r/ と /l/ の区別は恣意的で、英語は区別して2つの音としているが、日本語は区別せず1つの音としているということである。

　また、例えば、英語の

2. a. pen
   b. speed
   c. sleep

に表れる /p/ の音は、物理的にはみな違う音である。簡単に言えば、a. は破裂が大きく、b. はそれよりは小さく、c. はほとんど破裂していない。しかし、英語という言語では、この区別は無視して、1つの音ということにしている。

7　これは、第2章の「英語の変遷」という観点から興味深い。ノルマン人の征服後入ってきたフランス語は、料理や毛皮などの高級語として用いられ、本来語（古英語期からの語）と使い分けられたのである。

このように、ある言語で1つの音として見なされて機能している音のまとまりを音素と言う。本書でもすでに用いているが、言語学で、音素は / / でくくって示すことになっている。特に重要なことは、音素はそれぞれの言語固有のもので、ある言語ではひとまとめにしている音が、ある言語では区切りをつけて別の音と見なしていることがあるということだ。構造主義言語学の言う恣意性の代表的な事象の1つである。

4-2-2 アメリカ構造主義言語学

音素の概念を用いて、特にアメリカ先住民（Native American）などの文字を持たない言語の記述に活用したことで知られるのはブルームフィールド（Leonard Bloomfield 1887-1949）らのアメリカ構造主義言語学である[8]。ソシュールの構造主義のヨーロッパ大陸における展開がどのようにアメリカ大陸に波及したかは定かではないが（Newmeyer 1986）、この研究は1920年代に発展を始める。

アメリカ構造主義言語学の時代的な背景は、パブロフの犬で知られるパブロフ（Ivan Pavlov 1849-1936）、ワトソン（John Watson 1878-1958）、スキナー（Burrhus F. Skinner 1904-1990）らの行動主義心理学などの行動主義の潮流である。心の働きなど内面的なことがらは直接には観察しえないものなので、目に見える行動によって科学的に観察できるという反心理主義（反メンタリズム）の考え方である。

アメリカ構造主義言語学は、その初期にはアメリカ先住民の言語の記述を中心課題とし、フィールドワークが重視された。ボアス（Franz Boas 1858-1942）らのような文化人類学者の伝統の中で育ち、文化人類学の一部として発達した面もある。

アメリカ構造主義言語学に重要な貢献をしたもう1人はサピア（Edward Sapir 1884-1934）である。Sapir (1925) は、ブルームフィールドとならんで、

---

[8] 「アメリカ」構造主義言語学という名はもちろん当の研究者たちの自称ではない。ソシュールの構造主義と区別するためにこう呼ばれることが一般的である。

アメリカ構造主義言語学の出発点をなすと言われているが、音素を「心理的実在（psychological reality）」として定義しようとしたため、サピアのこの態度は、「心理主義」を排除しようとしたブルームフィールドの流れにある論者たちには受け入れられなかった。

ブルームフィールドの主著 *Language*（1933）などに著されたアメリカ構造主義の考えでは、観察、検証可能な発話資料だけを分析対象として言語の体系的な構造を記述しようとした。アメリカ先住民のように文字を持たない言語を記述するとなると、当然ながら音の配列の記述から始めることになる。音素の配列の最小対立（minimal pair）における**示差的特徴**（distinctive feature）などを道具立てとして言語の記述を行う。例えば、仮に日本語に文字がなく、そこにブルームフィールドがやってきて記述をするとすれば、

byoin（病院）
biyoin （美容院）

は指示対象において対照をなす示差的特徴がある（病院と間違えて美容院に行ったら病気は診てもらえない）。一方、

rice
lice

は、日本人が英語学習で苦手とするように、/r/ と /l/ は対立をなさないということがわかる。カレーライスのライスを /raisu/ と言っても /laisu/ と言っても指示対象は同じだからである[9]。

9　このような考えにもとづいて、パターンにおける対立を応用した外国語学習法が、「パターン・プラクティス（pattern practice）」などを行うオーラル・アプローチ（oral approach）である。

4-3 〉「チョムスキー革命」——生成文法

　20世紀初頭に登場したソシュールと1920年代に始まるアメリカ構造主義言語学が象徴的なように、20世紀前半の言語学は構造主義の時代と言ってもよいだろう。そこから言語学の流れを大きく転換させたのはノーム・チョムスキー（Noam Chomsky 1928-）である。チョムスキー革命とまで言われた彼の**変形生成文法**（transformational generative grammar、たんに**生成文法**とも呼ぶ）のアイディアのエッセンスを略述してみよう。

アメリカ構造主義言語学批判

　アメリカ構造主義言語学の見方からすると、音の連鎖の最小対立によって文を記述するなら、次の2つは同じ文型であり、最小の対立をなす。

　　John is easy to please.
　　John is eager to please.

しかし、すぐ考えればわかるように、これらはまったく別の構造を持っていると考えるべきだ。なぜなら、上の文はそれぞれ以下のように書き換えることができるからである。

　　It is easy to please John.
　　*It is eager to please John.[10]

つまり、表層だけを見ていては言語の本質をつかむことができないと考えた。表層よりも、より根源的に言語のこの形式、文法を生み出す人間の能力に関心の矛先を変えたのである。

10　*は言語学（linguistics）ではその文が非文法的な文（「非文」と言う）であることを示す。英語史、歴史言語学（philology）では違う記号として用いるので注意を要する。

4-3-1 刺激の貧困

　さて、そのようなより根源的な人間の言語能力を問うとすれば、単純に思い浮かぶのは人はどのように言語を獲得するかという問いである。一般に考えられやすいのはこういう習得のシナリオだ。この世に生まれた赤ちゃんは、母親やまわりの家族ら、養育者からたくさんのことばをかけられる。最初は聞くばかりだが、毎日たくさんのことばに触れることで、少しずつ理解し、喃語期を経て、うまく口を動かせるようになると少しずつことばを発するようになり、しだいにまわりの大人や友だちのことばをまねてしゃべれるようになる。つまり、周囲からの多くの入力によって学習し、出力に至る、ということである。

　しかし、チョムスキーはこのような習得のモデルは妥当ではないと考える。なぜなら、赤ちゃんが受ける入力ははなはだ不完全で不十分だからである。赤ちゃんはすべての正しい文をまわりの大人に言ってもらっているわけではない。大人もよく言い間違うし、言いかけて途中でやめる不完全な文もしばしば発する。母親が文法書を網羅的に読み聞かせしているわけでもない。

　チョムスキー前夜の言語学はアメリカ構造主義の時代だったことは先に述べた。このアメリカ構造主義言語学が基盤とする知的潮流は行動主義であることもあわせて述べた。行動主義のモデルの１つとされるのは、パブロフの犬やワトソンの研究などで知られる「刺激─反応」というモデルである。このモデルで考えると、言語習得は入力である刺激への反応としての出力（言語習得）ということになるが、チョムスキーは、この刺激ははなはだ貧困だと主張したのである。これを生成文法では**刺激の貧困**（the poverty of stimulus）と呼んでいる。

　もし入力が不完全であるにもかかわらず出力が完全であるなら、つまり赤ちゃんに周囲の大人が語りかけることばが十分で完全でないにもかかわらず、いつのまにかその赤ちゃんが完全に言語を習得しているとするなら、あらかじめある種の文法能力が備わっていると考えるほかない。遺伝子レベルで、

生得的に種としてのヒトが持っている言語能力があるはずで、チョムスキーはそれを**普遍文法**（universal grammar）と呼んで、それこそが言語学が探求すべき対象なのだと考えたのである。

　普遍文法という概念を考えるなら、それがどんなものかを突き止めたければ多くの人が思い浮かべるのは（実行するか否かは別として）、世界中の言語を調べ尽くして、その共通点を抽出するという帰納的な方法ではなかろうか。しかし、チョムスキーは違った。種としてのヒトがみな備えている能力こそが普遍文法なのだから、たくさんの言語を調べる必要はまったくない。1言語で十分である。1言語（チョムスキーにとってそれは英語だった）を入り口として人間の言語の普遍性に迫れば普遍文法に至ることができると演繹的に考えたのである。端的に言えば、普遍性に至るコペルニクス的180度の転換である。これがチョムスキー革命と呼ばれるゆえんである。

　人間が生得的に、そしてその意味で普遍的に持っていると考えられる、無限の文を作り出す有限個の規則、限られた刺激から無限の文を作る装置こそが普遍文法であると考えたのである。

4-3-2　言語能力と言語運用

　少し考えればわかることに、1言語を入り口として普遍文法に至る、と言ってもいったい誰をその1言語の代表にすればよいかが問題となる。方言の差もあろうし、個人的な言語能力差もありそうだ（母語話者と言ってもみながアナウンサーのように話せるわけではない）。そこで、チョムスキーは**理想的な話者**（ideal speaker）という概念を設定して、それを入り口とした。実際には多様で、誤りも犯してばかりにちがいない話者の非本質的と考えられる要因を理論的に排除して、より本質的である生得的な言語能力に迫ろうとしたのである。

　ここで重要なチョムスキーの概念は**言語能力**（linguistic competence）と**言語運用**（linguistic performance）という二分法である。言語能力は生得的で人間に普遍の文法能力（文を生成する能力）であり、生成文法の中核概念

である。一方の言語運用はそこから実際に具体的に生み出された現実の言語であり、言い間違いや言いよどみや不完全な文なども含む。

ここでソシュールのラングとパロールと対照してみよう。ラングが抽象的でパロールが具象的、言語能力が抽象的（「理想的な話者」に備わっている）、言語運用が具象的という点ではたしかに平行関係があるかに見える。しかしながら、その理論的構成はまったく正反対と言ってよい。ソシュールにおけるラングとは単純に言ってしまえば、社会的な約束事であった。記号と意味との結びつきは恣意的だが関係の網の目となって社会において同意されているというモデルだ。一方のチョムスキーの言語観においては、社会や他者という概念は想定されていない。種としてのヒトが生得的に（いわば遺伝子レベルで）持っている言語能力が問題とされるので、コミュニケーションすら問題外である。チョムスキーは言語がコミュニケーションの手段のために生まれたと考えるのは誤りであるとすら言っている[11]。ソシュールの理論においても特にコミュニケーションが具体的に議論の対象となっているわけではないが、言語観という点でははっきりとした対照をなす[12]。

後述するが、この対照は20世紀言語学大三角形の一辺をなす。

4-3-3 文法（能力）の自律性

チョムスキーの生成文法の考え方としてこれまでも少し触れてきたが、この枠組みにおける考察の対象は文（sentence）である。生成文法というその名からも連想されるが、文を生成する能力こそが考察の対象であり、「文が最小にして最大の分析対象」なのである。

「文」、および「文」を理解し、産出する能力、すなわち言語能力は、生成文法において特別な地位を占めている。ヒトは言語能力以外にもさまざまな

11　Chomsky, N.（1975）*Reflections on Language*. Patheon Books.
12　筆者の個人的な立場は言語を社会的な存在と考えるものだが、だからと言ってチョムスキーの考え方を議論のこのレベルで否定するつもりはない（後に述べる社会言語学は生成文法を激しく批判してきたが）。生得的な能力をヒトが備えていると考えるのはそれなりの妥当性を持っているように思われる。ただし、どこまでを生得的と考えるかには議論がありえよう。

能力を備えているが、言語能力、文法能力はそれらの能力から**自律**（autonomous）していて、独立したモジュールを形成していると考えられている。チョムスキーがあげた次の例文で考えてみよう。

Colorless green ideas sleep furiously.

「色のない緑色のアイディアは猛烈に眠る」と理解されよう。荒唐無稽の文だ。「色のない緑色」はそもそも言語矛盾だし、抽象的な「アイディア」が「緑色」だというのもおかしい。「アイディア」が「眠る」ことも、「猛烈に」「眠ること」もみなおかしい。

　しかしながら、重要なことは、この文がいかに意味的に荒唐無稽だとしても、英語の母語話者であれば（そして本書の多くの読者も同様に）、この文を文法的に正しいと判断できるということだ。つまり、文法的な判断（＝文法能力）は意味とは切り離されて自律しているということを意味する。意味はそのほかを司る能力のもとにあり、文法とのインターフェイスが考えられた。その後の生成文法の理論的な変遷の中での違いはあるものの、これが生成文法の基本的な立場である。

4-4 〉認知言語学の誕生

　生成文法の論者の中でも議論は一様ではなかった。1960 年代から 1970 年代にかけて、深層にあると考えられる意味の取扱いについてチョムスキーと袂を分かつ論者たち（**生成意味論**）が、1980 年代に入って新しいパラダイムを展開した。生成文法の考えの特徴は文法能力の**自律性**（autonomy）であるが、言語の形式的な側面や構造は自律的なものではなく、人間の一般的な認知によって動機付けられている（motivated、有契的）と考えるのが認知言語学の基本的な考え方である。人間の言語能力や言語のあり方は、認知能力との関連で解明されると考えるのである。生成文法と異なり、意味はこの分野

にとって重要な事象であり、それを静的なものではなく、言語の運用も含めた動的な概念として記述する。

学史的に言えば、生成文法を批判して分派した生成意味論から発展した研究群と、それ以前の**格文法**（Case Grammar）や**フレーム意味論**（Frame Semantics）（Fillmore 1968、1982）などをまとめて**認知言語学**と呼んでいると言ってよかろう。Lakoff（1987）を中心とした**メタファー、メトニミー、イメージ・スキーマ**などを用いて言語のありようを解明しようとする認知意味論と Langacker（1987）らの概念化・用法基盤モデルから文法を構築する認知文法（cognitive grammar）とがこの分野の中核を成している。Goldberg（1995）らの構文文法も一般にこれに加える。

認知言語学と言ってもひとくくりにすることはできないが、その基本的な考え方を象徴しているもののうち、メタファーと構文に関わる議論を見てみよう。

4-4-1 メタファー

Lakoff and Johnson（1980）は認知言語学の１つの時代を画する研究と言ってよいだろう。伝統的なメタファー観によれば、メタファーは言語の表現を豊かにするいわば装飾であり、本質的なことと考えられていなかった。しかし、レイコフとジョンソンはメタファーは人間の認知とそして言語の成り立ちにとってより本質的なことだと考えた。端的に言えば、人間の認知は基本的にメタファー的だと考える。例えば、enlighten（啓蒙する）ということばは明らかに light と関係があるが、物理的に「明るくする」ことを言っているわけではなく、知識、情報という面で「明るく」することを言う。明るいとよく見える、よくわかる、という実際の経験とつながっている表現である。on という前置詞は仮に空間的な表現が基本的な用法とすると（the book on the table のように）、on July 4th のような日時を表す表現は空間から時間へのメタファー的転用ということになる。時間と空間と言えば、例えば、「駅から５分」のような表現にわれわれは慣れ親しんでいるが、これも空間を時間

で表したものである。不動産業界では1分は80mと換算するそうだが、「駅から400m」と言うより（オリンピックの陸上競技の選手ならずいぶん早く着くだろう）「5分」と言った方が着くまでの時間の計算ができて便利だ。

　認知言語学を学んでいる人でなければ、これらの表現をわざわざメタファーだと考える人はあまりいないだろう。言い方を変えればそれくらいメタファーはわれわれの生きることそのものに関わっているのだ。TIME IS MONEYというメタファーがある。時は金なり、である。これはたしかに格言的でもある。時間はお金と同じくらい重要だ、大切にせよ、というメッセージでもある。しかし、それだけではない。われわれは時間をお金として生きているのだ。時給いくらで働いたりする。カラオケボックスで1時間いくらで歌を唄う。生活の中で時間をお金に換算することはしばしばある。メタファーはわれわれの認知と生きることそのものに深く関与しているのだ。

　一連のメタファーの基本となるような**概念メタファー**（conceptual metaphor）と呼ばれるメタファーがある。例えば、ARGUMENT IS WAR という概念メタファーが英語圏にあると考えられる。これにより

　　Your claims are *indefensible.*
　　He *attacked* every weak point in my argument.
　　His criticisms were right on *target.*

などの個々のメタファーが可能となる。

4-4-2　イメージ・スキーマ

　認知言語学では、図として表現できる人間の認識のあり方をイメージ・スキーマとし、それを体系化して、人間の認知のメカニズムを明らかにしようとしている。

　他動詞、前置詞句などでは、2つの事物の関係をことばとして表現するが、相対的に際立って認識される事物を**トラジェクター**（Trajector：TR）と呼

び、その背景となっている事物を**ランドマーク**（Landmark：LM）と呼ぶ。普通、トラジェクターは主語、ランドマークは目的語として現れる。

a. The knob is above the keyhole.
b. The keyhole is below the knob.

という2つの文は、

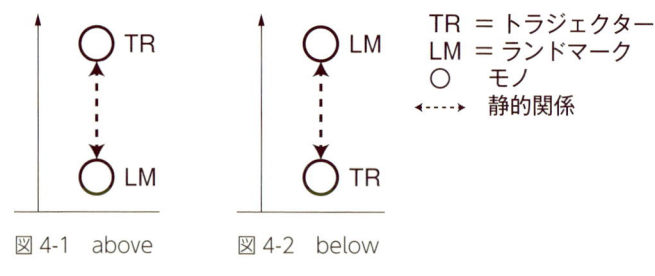

図 4-1　above　　図 4-2　below

出典：Langacker 1998. p. 11

という関係のイメージ・スキーマで理解される。

　また、語の多義や意味拡張もイメージ・スキーマの変換として理解することができる。例えば、over という前置詞は微妙に異なった使われ方がされる。

a. The plane flew over the hill.
b. The painting is over the fireplace.
c. Sam lives over the hill.

では、a. が基本義で、図 4-3 のように、中心的なイメージ・スキーマになると考えられるが、b. はランドマーク the fireplace の上方のみに焦点が置かれて（プロファイルされている、という）、c. の場合は話者の主観によって視線の移動があるかのようにイメージ・スキーマが描かれ、終点だけが焦点を置か

れる表現になっている。イメージ・スキーマはこれらの意味の拡張も、直観に合った、実際の認識を反映する形で説明することができる。

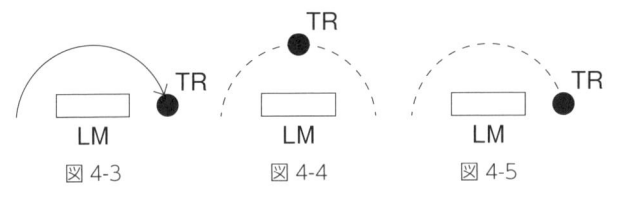

```
          TR
    ┌──────┐       TR              TR
    │      │●    ●                     ●
    │  LM  │    ┊  ┊          ┌──┐   ┊
    └──────┘    LM           │LM│
     図 4-3      図 4-4         図 4-5
```

出典：Langacker 1998. p. 11

4-4-3 構文文法

そのほかに認知言語学を代表する研究群の中に、構文文法がある。構文文法の基本的な考え方は、表現全体の意味はそれを構成する部分の和以上（以外）のものになるというものだ。例えば、

a. Frank dug his way out of the prison.

は way 構文と呼ばれる構文だが（Goldberg 1995)、「抜け穴を掘って脱獄した」という「移動」を意味する。his way を「脱獄ルート」とするなら、

b. Frank dug his escape route out of the prison.

と置き換えられそうだが、この文になると「移動」の意味はない。同じように dug や out of があってもである。つまり、a. の文は構成する個々の語のいずれにも「移動」を意味する要素はなく、この構文自体がそれを生み出したと考える。このような意味を**構文的意味**と呼ぶ。文法だけでも、語彙だけでも、その2つを合わせたものでもない、ある種のパターンと意味とが慣習化された統合体が構文なのである。

生成文法と際立って異なる考え方の違いは、先に述べたように生成文法は

第4章 現代英語学・言語学の潮流　59

生得的な文法能力がいわばトップダウン的にあってそこを出発点とするのに対し、認知言語学は慣習化された**用法を基盤とした**（usage-based）ボトムアップ的な言語の成り立ちを想定していることである。構文文法にしてもイメージ・スキーマにしても、言語そのものを司る認知の能力とは別の認知の働きを想定しているのである。

4-5 > 20世紀の言語学大三角形の点と辺

　本章のこれまでで、構造主義言語学、生成文法、認知言語学を20世紀の言語学を代表するものとして論じてきた。むろん、これが20世紀言語学のすべてではない。しかしながら、グローバルなコミュニケーションを視座に置いたとき、言語学の大きな流れをこの3つに代表させるように論じることは、後に述べるように意味のあることだと思われる。逆説的な言い方だが、グローバル・コミュニケーションは、基本的にこの外にあるという意味で、これら3つは実質的にも象徴的にも重要なのだ。

　この大きな流れをまとめてみると、三角形の関係としてそれぞれの対立点を明確にすることができる。この3つの考えを三角形の頂点とし、それぞれの頂点が対立することによって辺が結ばれるという構図である。

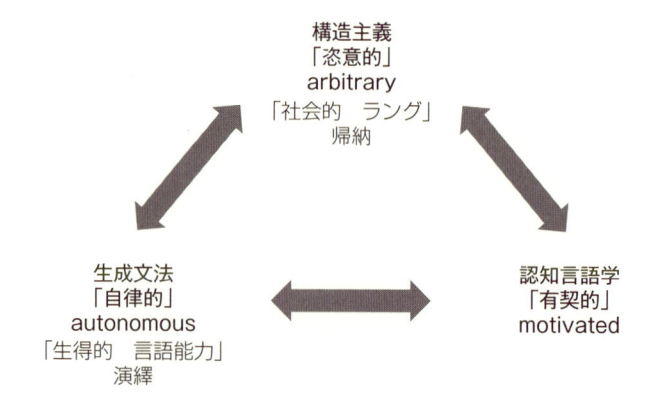

```
            構造主義
            「恣意的」
            arbitrary
          「社会的 ラング」
              帰納
           ↙        ↘
    生成文法  ←→  認知言語学
    「自律的」      「有契的」
   autonomous     motivated
 「生得的 言語能力」
       演繹
```

時系列としては「構造主義」→「生成文法」→「認知言語学」という順だ

が、それぞれに基本的な考え方が対立する。

　ソシュールの構造主義と生成文法の対立点は、前者におけるラングとパロールと、後者における言語能力と言語運用の二項対立に表れている。ソシュールの構造主義におけるラングは、(理論上は)社会が想定されている。社会の構成員が共同で持っている約束事のまとまりがラングである。一方、生成文法における能力が想定するものは、究極の個人である。コミュニケーションすら想定されていない。個人が生得的に持っている能力を問題にしているのである。

　アメリカ構造主義と生成文法の対立点は、前者が行動主義的な立場で、示差的特徴にもとづいて音の連鎖を記述したのに対し、生成文法は表面より深層のレベルを設定し、文を生み出すもととなるルールの策定を試みた。前者が帰納的であるのに対して、後者は演繹的なアプローチをとる。

　生成文法と認知言語学の対立点は、基本的には言語を自律的な体系と見なすか、一般的な認知の営みと関係があると考えるかの違いである。生成文法において、言語能力、そしてとりわけ文法能力は、人間の知性の中でほかから自律した特別な地位を占めている。一方、認知言語学では、言語能力は独立した組織から成っておらず、言語以外の一般的な認知能力と深く関わっていると考える。言語の進化という観点で考えると、生成文法の言語の起源に対する考え方は普遍文法を想定したビッグバン的なものだが、認知言語学の立場ではそのような想定は必要なく、言語の誕生は文化や社会やコミュニケーションが累進的に継承して進化を遂げた成果と考えるだろう。

　さて、最後の辺の認知言語学と構造主義についてだが、時系列的には隣接していないものの、明確な対立点がある。構造主義の基本概念の１つは**恣意性**である。例えば、言語記号と意味されるものとのつながりはそもそも言われもない恣意的なものだということだが、認知言語学ではそのように考えない。言語の成り立ちは恣意的ではなく、一般的な認知や経験に根ざしていると考える。構造主義の恣意性に対して、これを**有契性**（motivatedness）と言う。言語のあり方は認知や経験に「動機付けられている」ということだ。

4-6 言語学大三角形からの展開

　この大三角形は現代の言語学の基本を成していると言ってよい。言語学は説明の学問であると先に述べたが、説明の理論的な面に重きを置く研究であれば、軽重の差はあれ、このどれかの立場に立って考える、あるいはどれかを出発点として考えるということが多い。本節では、この三角形のある角を基本とはしながらも言語に対するアプローチが大きく変革された方向性を持つ研究、そして、この三角形とは別のところを出自としながらもその角に接点を持ちつつ発展している研究について見てみよう。ともにグローバル・コミュニケーションという観点から見るときわめて重要な研究群である。

4-6-1　コミュニケーション系言語学

　20世紀の言語学大三角形の意味するところは、この三角の関係だけにあるのではない。グローバル・コミュニケーション、あるいはより一般的なコミュニケーションという観点から言うと、（ひょっとして初学者には驚くべきことに）英語学、言語学はコミュニケーションの学ではない。一般に、言語はコミュニケーションの手段であると考えるのは当たり前のように思われる。しかしながら、あの大三角形の中では言語はコミュニケーションの手段として論じられることはないに等しい。もちろん、それは非難すべきことではなく、言語が備えているさまざまなしくみや成り立ちに目を向けるのが言語学だったのである。

　20世紀にあってもコミュニケーションに関わる言語の働きを研究する分野（「コミュニケーション系言語学」と呼ぶことにする）は始まっていた。第10章で見る「会話の含意」、「言語行為論」などの語用論（pragmatics）や第14章の社会言語学（sociolinguistics）、第13章の談話分析（discourse analysis）、第12章の相互行為の社会言語学（interactional sociolinguistics）がそれである。ここで注目したいのは、これらのコミュニケーション系言語学の諸分野はもとはと言えば言語学の外からアイディアを拝借してきたものだと

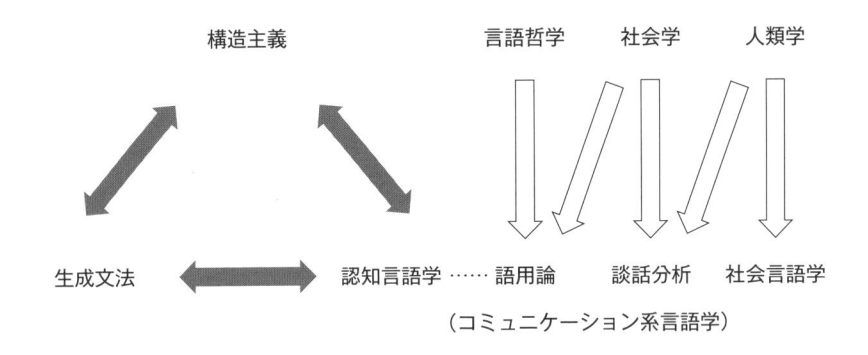

```
     構造主義              言語哲学  社会学  人類学
        ↕                    ↓      ↓      ↓
   生成文法 ⟷ 認知言語学 …… 語用論  談話分析  社会言語学
                         （コミュニケーション系言語学）
```

いうことだ。後の章で見るが、会話の含意（協調の原理）のグライスも言語行為論のオースティンやサールも哲学者だし、談話分析や相互行為の社会言語学に影響を与えた会話分析（conversation analysis）のエスノメソドロジー（ethnomethodology）は社会学の一派である。社会言語学の一部は言語人類学、文化人類学の影響を大きく受けている。1960年代から1970年代の動きである。つまり、コミュニケーション系言語学は20世紀の言語学大三角形の外からの知見を取り入れて形成され発展してきた面があるのだ。図式化すると上のような様相である（コミュニケーション系言語学を右側に書く理由はすぐに述べる）。

　さて、このように別々の出自であったそれぞれの学問分野が、言語学の中でなにやらまとまった形で1つ（以上）の分野を形成してきているのはなぜだろう。もちろん、いろいろな要因があろうが、無視できないのは三角形の左下の角である生成文法、チョムスキーの存在である。年代を見てみよう。認知言語学の冒頭で述べたが、チョムスキーの生成文法と袂を分かち、認知言語学の萌芽となった生成意味論は1960年代から1970年代、グライスのこの分野にとって最も重要な論文は1975年、言語行為論の著作も1960年代、ハイムズ（Dell Hymes 1927-2009）などの民族誌的なアプローチも1960年代、である。つまり、どれくらい当事者たちが意図したかはわからないが、少なくとも現在から見て、これらがアンチ・チョムスキーの1つの流れを形成していると言うことができる[13]。

これらのことから言えることは、正の意味でも反の意味でも生成文法のインパクトがいかに大きかったかということである。そして、明示的に生成文法に反旗を翻した認知言語学と、（ひょっとして期せずして）反生成文法の流れに組み込まれたコミュニケーション系の言語学は少なくとも部分的には軌を一にすることになる。その実、近年の認知言語学の研究にはコミュニケーションを視座に入れたものが多くなっている。

4-6-2 コーパス言語学のフィロソフィー

　20世紀の言語学大三角形以降の展開に、コーパス（corpus）を用いた言語研究がある。**コーパス言語学**と呼んでもよいが、実際のインパクトは狭い言語学の一分野を超えたものだ。**コーパス**とは本来（手作業のアナログのものも含めた）集められた言語資料を言うが、近年では電子化された大量のものを言うのが普通である。すなわちデジタル・テクノロジーが可能にした研究資料であり、研究方法である。人の目と手ではありえない程度の量と速度で言語資料を検索し、言語使用の実態を調査することができる。また、資料自体が作例ではなく、実際に使われたオーセンティック（authentic、本物の、実際の）なデータであることも重要である。

　これまでの章で何度かテクノロジーが人類のコミュニケーションの変革をもたらしたと論じてきたが、言語研究においても画期的だ。電子化された大量の言語資料、つまりいわゆるビッグデータを調査できるということの意味は、突きつめて言えば、量の問題は、程度がはなはだしくなると、質的な問題に転化するということだ。一般に量的、質的と区別されたりするが、破格に大量であれば量的サポートは質的サポートになるということになる。

　このことの研究上の意義も大きい。従来、研究対象の言語が自分の母語ではない場合、母語話者の直観に頼ることが一般的であったが、コーパスによる研究はそれを必ずしも要しないということだ（もちろんネイティヴ直観に

13　唐須（編）(2008) では、これを「開放系言語学」と呼んでいる。この場合の「開放系」の反意語は「自律的」である。

よるという手法もそれなりの意味がある)。これは認知言語学の**用法基盤モデル**（usage-based model）という考え方に通じている。

　先の図で、コミュニケーション系言語学を認知言語学の角の側に置いたのは、以上のようなつながりのためである。生成文法と対峙するという意味でもそうだが、人間の一般的な認知とコミュニケーションがつながりを持つのはある意味で理の当然だ。コミュニケーション活動において、認知的な営みは常になされているし、認知は人との関わり、コミュニケーションの中で稼働すると考えられるからである。

□ **参 考 文 献** □

〈日本語〉

安藤貞雄，林哲郎（1988）『英語学の歴史』英潮社．

加賀野井秀一（1995）『20世紀言語学入門』講談社〔講談社現代新書〕．

風間喜代三，松村一登，上野善道，町田健（2004）『言語学』（第2版）東京大学出版会．

田中克彦（1993）『言語学とは何か』岩波書店〔岩波新書〕．

唐須教光（編）（2008）『開放系言語学への招待——文化・認知・コミュニケーション』慶應義塾大学出版会．

山梨正明，有馬道子（編著）（2003）『現代言語学の潮流』勁草書房．

〈英語〉

Bloomfield, L. (1933) *Language*. Holt, Rinehart & Winston.

Fillmore, C. (1968) "The Case for Case." In E. Bach and R. T. Harms (eds.) *Universals in Linguistic Theory*. Holt, Rinehart and Winston. pp. 1-88.

Fillmore, C. (1982) "Frame Semantics." In *Linguistics in the Morning Calm*. Hanshin publishing Co. pp. 111-137.

Goldberg, A. (1995) *Constructions: A Construction Grammar Approach to Argument Structure*. University of Chicago Press.

Lakoff, G. (1987) *Women, Fire, and Dangerous Things: What Categories Reveal about the Mind*. University of Chicago Press.

Lakoff, G. and Johnson, M. [1980 1st ed.] (2003) *Metaphors We Live By*. University of Chicago Press.

Langacker, R. W. (1987) *Foundations of Cognitive Grammar: Theoretical Prerequisites*. Stanford University Press.

Langacker, R. W. [1998 1st ed.] (2014) Conceptualization, Symbolization, and Grammar. In Tomasello, M. (ed.) *The New Psychology of Language: Cognitive and Functional Approaches to Language Structure, 1*. Psychology Press.

Matthews, P. H. (2003) *Linguistics.* Oxford University Press.

Newmeyer, F. J. (1986) *The Politics of Linguistics.* University of Chicago Press. (馬場彰, 仁科弘之（訳）(1994)『抗争する言語学』岩波書店.)

Robins, R. H. (1990) *A Short History of Linguistics.* Longman. [4th ed. (1997)] (中村完, 後藤斉（訳）(1992)『言語学史』研究社.)

Trask, R. L. and Mayblin, B. (2001) *Introducing Linguistics,* Totem Books.

■ 練習問題 ■

1．日本語と英語とを例として「区切りの恣意性」の事例を探してみよう。
2．人が生得的に普遍文法を持つとする仮説を裏付けることがらをあげてみよう。
3．辞書などを用いて、前置詞 on のイメージ・スキーマを考えてみよう。
4．コミュニケーションに対する構造主義、生成文法、認知言語学それぞれの考え方を調べてみよう。
5．ウェブ上で無料で使えるコーパス（例えば COCA）を試しに使ってみよう。

5. 英語の音声

5-1 〉音声言語の利点

　人間はさまざまな方法でお互いに考えや感情などの情報を伝達し合う。必ずしも音声によらなくても伝達が成り立つことは、手話などの非音声言語を見れば明らかだ。身振り、顔の表情、絵や映像などの視覚情報を用いて、より単純と思われる伝達をすることもある。その一方で、音声による伝達にはさまざまな利点がある。音声による言語は音声と意味を結びつけるシステムであり、言語を構成する音は**言語音**（speech sound）と呼ばれる。

　音声言語の利点は多数あろうが、まず第1に視覚情報に頼らずに伝達できるということであろう。暗闇の中でもコミュニケーションできるし、電話でも言いたいことはだいたい伝えられる。第2に、音声によってメッセージを発しながら手を使って作業を同時にできるということがある。当然これはヒトの二足歩行への進化と関わっているわけだが、これによって共同作業ができる度合いが大きく高まった。第3に、これは後に述べる社会言語学の観点からより重要だが、主メッセージに対する副メッセージを発するというメッセージの二重性を可能にするということだ。発音、「言い方」によって、強調をしたり、態度を示したりすることができる。

　進化の観点から見ると、ヒトの音声言語の始まりは、喉頭が進化の過程で降りてきたことにある。それによって、口腔が大きくなり、結果として、ホモ・サピエンスはより多くの音、特に母音を多様に発声できるようになった[1]。しかし、喉頭が下降することで、食道と気管が同じ経路を使うことになり、

ヒトは気管に食べ物が入って窒息するというリスクを背負うことになる[2]。それでもわれわれはそのリスクを冒してこの進化の道を選んだ。なぜか。豊かな言語音を発し、より精巧で多様な伝達手段を持つことを選んだ方が利益が大きいと判断したからである。進化上の利点は不利点を補って余りあるものでなければならない。

5-2 〉英語音声学と音韻論

　言語学、英語学において音声を扱う分野は大きく分けて2つある。

　1つは生物としての人間が物理的にどのようにして音声を作り出すのか、その音声は物理的にどのような性質を持っているのか、そして人間はどのようにしてその音声を聞き取っているのか、などを扱う分野である。この分野を**音声学**（phonetics）と言う。

　もう1つは、それぞれ個別の言語に固有の音の区別、すなわち第4章の構造主義のところで触れた**音素**（phoneme）のレベルで音声を扱う分野で、こちらは**音韻論**（phonology）と言う。それぞれの言語音がどのような音の体系を作って意味を区別しているかなどを明らかにしようとする。個別の言語の音のパターンや音同士の相互関係、さらには意味機能との関係なども研究対象としている。

　ところで、一般に音声学と言うと、英語音声学については大学の授業科目や市販の出版物が数多くあるが、ほかの言語の音声学の授業はあまり開設されていないようだし、最近まで日本語音声学などほかの言語での著作が少なかったのはなぜだろうか。大きな辞書などを見ても（紙版）、英語の辞書については発音に関する記述が巻頭にかなりの分量であるが、日本語の大辞典についてはそのような記述はない。世界で最も外国語として学ぶ人口が多いと

1　Gärdenfors, P.（2003）*How Homo Became Sapiens*. Oxford University Press.（井上逸兵（訳）（2005）『ヒトはいかにして知恵者（サピエンス）になったか——思考の進化論』研究社.）
2　ほかの類人猿は、飲み込むことと息をすることを同時にすることができる。

いうことにも起因していようが、実質的に英語音声学はほかの言語のそれらと比べても学問分野として一種特別な地位を占めていると言ってもよいだろう。

5-2-1 音声学の分野

音声学は、**調音音声学**（articulatory phonetics）、**音響音声学**（acoustic phonetics）、**聴覚音声学**（auditory phonetics）の3つに分類される。ここでは簡単に見ていこう。くわしくは英語音声学のテキスト、入門書、概説書などを参照されたい。

調音音声学は、話者がどのように言語音を産出するかを研究する分野である。これについては、話者が自覚したり観察したりできるためと思われるが、比較的早くから研究が進んでいた。

音響音声学は伝達される音声の物理的特徴を研究する分野である。音の高さ、強さ、長さを周波数、振幅、持続時間という観点から観察する。現代のテクノロジーを用いて、音声波形やスペクトログラフ（Spectrograph）などの機器によって音を可視化して分析する分野である。音声学が自然科学であることを最も再認識させる分野であろう。

聴覚音声学は、聞き手が音声をどのように知覚し、認知するかを研究する分野である。脳で音声が処理されるメカニズムについての研究である。ヒトの音声の受容器官である聴覚器官の構造と機能を研究対象とする。

5-2-2 有声音と無声音

言語音には**有声**（voiced）と**無声**（voiceless、または unvoiced）のものがあり、母音はほぼ有声音である。

有声の子音には、/b/ /d/ /g/ /v/ /ð/ /z/ /ʒ/ /dʒ/ /m/ /n/ /ŋ/ /l/ /ɹ/ /w/ /j/ があり、無声子音には /p/ /t/ /k/ /f/ /θ/ /s/ /ʃ/ /tʃ/ /h/ がある。ただし、音声環境によっては本来有声音である音が、無声の異音で発音されたり（**無声化**（devoicing））、逆に、本来無声である音が有声で発音されたり

することもある（有声化（voicing））。

5-2-3 子音の調音位置

声道の調音器官によって狭められたり、呼気が妨害されたりする位置を調音位置（place of articulation）と言う。具体的には11種類の調音位置で生成される、両唇音（bilabial）/p/ /b/ /m/ /w/、唇歯音（labiodental）/f/ /v/、歯音（dental）/θ/ /ð/、歯茎音（alveolar）/t/ /d/ /s/ /z/ /n/ /l/、後部歯茎音（postalveolar）/ʃ/ /ʒ/ /tʃ/ /dʒ/ /r/、そり舌音（retroflex）（そり舌のrなど）、硬口蓋音（palatal）/j/、軟口蓋音（velar）/k/ /g/ /ŋ/、口蓋垂音（uvular）、咽頭音（pharyngeal）、声門音（glottal）/h/ などがある。口蓋垂音と咽頭音は英語では見られない。

5-2-4 子音の調音様式

呼気の流れが妨げられる様態と程度を調音様式（manner of articulation）という。閉鎖音（stop）/p/ /t/ /k/ /b/ /d/ /g/、摩擦音（fricative）/f/ /v/ /θ/ /ð/ /s/ /z/ /ʃ/ /ʒ/ /h/、破擦音（affricate）/tʃ/ /dʒ/、鼻音（nasal）/m/ /n/ /ŋ/、側音（lateral）/l/、半母音（semivowel）/r/ /w/ /j/ に分類される。半母音はすぐ後続の母音へとわたる特性があるので、わたり音（glide）と呼ばれることもある。また、側音、半母音をまとめて接近音（approximant）とする分類もある。

グローバル・コミュニケーションの観点から以下のような観察がなされている。外円圏、拡大円圏（例えば、シンガポール、マレーシア）では、無声破裂音の /p/、/t/、/k/ が語頭の気音を失い、内円圏の英語話者にはしばしばそれぞれ /b/、/d/、/g/ と認識されることがある（Kachru and Smith 2008（第3章参考文献参照））。マレーシア英語の口語では語末の閉鎖音がしばしば声門閉鎖音に変わると言う（back は ba'、bet と bed は区別がつかなくなり be'）（Schneider 2003）。

また摩擦音はしばしばほかの音に変わっている。中国、ガーナ、シンガ

ポール、マレーシアの英語では、/θ/ は閉鎖音 /t/ や /d/ になり、ドイツでは /z/ になることがある。語末の子音群はほとんどの東アジア、南アジアの変種において簡略化される。インド英語のような変種では、/s/ で始まる語頭子音は、2つの子音の間に母音を挿入することによって簡略化したり ("sport" → /saport/)、語頭にならないように母音を置いたりする ("slow" → /islow/)。

5-2-5 母音

発音時の舌の高さによって、**高母音**（high vowel）、**中母音**（mid vowel）、**低母音**（low vowel）に区別される。高母音には /iː/ /ɪ/ /uː/ /ʊ/、中母音に /e/ /ɛ/ /ə/ /ʌ/ /o/、低母音に /æ/ /a/ /ɑ/ /ɑː/ /ɔ/ /ɔː/ がある。また、舌の最高部の位置の前後によって、**前方母音**（front vowel）、**中央母音**（central vowel）、**後方母音**（back vowel）に区別される。前方母音は /iː/ /ɪ/ /e/ /ɛ/ /æ/、中央母音は /əː/ /ə/ /ʌ/ /a/、後方母音は /uː/ /ʊ/ /o/ /ɔ/ /ɔː/ /ɑ/ /ɑː/ である。

唇の形状によっては、**円唇母音**（rounded vowel）と**非円唇母音**（unrounded vowel）の区別がある。円唇母音には /uː/ /ʊ/ /o/ /ɔ/ /ɔː/、非円唇母音には /iː/ /ɪ/ /e/ /ɛ/ /æ/ /əː/ /ə/ /ʌ/ /a/ /ɑ/ /ɑː/ がある。また、舌や唇の緊張の有無による分類として、**緊張母音**（tense vowel）/iː/ /uː/ と**弛緩母音**（lax vowel）/ɪ/ /ʊ/ がある。

2つの異なった母音的要素が組み合わされている音を**二重母音**（diphthong）と言う。二重母音は2つの異なる母音がただ隣接しているということではなく、1つの音節の中で、ある母音の位置で調音し始め、ほかの母音の方向へ移動する過程に生じる音である。2種類の母音の要素を持ってはいるが、1つの音である。二重母音には、前半の母音が強く長く後半の母音が弱く短い**下降二重母音**（falling diphthong）と後半の母音が強く長く前半の母音が弱く短い**上昇二重母音**（rising diphthong）がある。英語の二重母音はほとんどが前者である。

日本語における母音の連続は2種の異なる母音で、2つの別音節を形成するので、二重母音ではない。日本語のその場合の2つの母音は、ピッチは異なるが長短、強弱が等しく対等である。

　ほとんどすべての外円圏、拡大円圏の変種は、内円圏英語の二重母音、三重母音を簡略化している。例えば、"paid" は [ei] が [e] となる。ガーナ英語などでは、いわゆる長母音が短母音化する。[i:] と [i]、[u:] と [u] は区別せず、"sleep" と "slip" は同じ発音になる（Kachru and Smith 2008）。

5-2-6 プロソディー・超分節的特徴

　プロソディー・超分節的特徴も英語音声学の対象である。個別の音よりは大きいが語よりは小さな音の単位である音節に始まり、語や文の強勢、弱形、縮約形などだんだんと大きな音のまとまりを論じ、文全体のリズムやイントネーションについても研究の対象となる。実際の問題として、英語の音の聞き取りや発音には個別音の聞き取りや発音も重要だが、このような次元の要素が重要である場合も多く、特に外国語の場合には個別音の理解・産出の不十分さを補う要素にもなるだろう。

5-2-7 音節

　音節（syllable）は子音と母音を束ねた単位で、基本的に母音（V）に子音（C）が付いた形をとる。例えば英語の Japanese という語は3つの音節（Jap・a・nese）からできている（英語辞書の見出し語でもよく表記されているが、点は音節の境界）。English は2音節である（Eng・lish）。英語の音節構造は日本語より多様で、3個までの子音が母音に付くものがある。strike は日本語のカタカナ語では「ストライク」（または「ストライキ」）、つまり su・to・ra・i・ku と5音節だが、もとの英語は1音節である（/stráik/ の /ái/ は二重母音）。

　音節とは別にモーラ（mora）という単位で考えることもできる。モーラは聞こえ度にもとづいた一定の音の長さで、日本語ではかなにほぼ相当する拍

である。「てん」は ten、「ぞう」は zo で 1 音節だが、それぞれ「て・ん」、「ぞ・う」と 2 モーラである。七五調で成る俳句の「柿食えば　鐘が鳴るなり　法隆寺」の「ほうりゅうじ」は ho・ryu・ji と 3 音節だが、「ほ・う・りゅ・う・じ」と 5 モーラで詠んでいる。

英語は音節言語、日本語はモーラ言語という区別のされ方もある。

5-2-8 語強勢

音節、モーラよりも大きな韻律単位は語で、強勢が置かれる単位である。言語一般には、主として音の高さ（pitch）の変化によって強勢が作り出される**ピッチ・アクセント言語**（pitch-accent language）と、強さ（intensity）をもとに強勢が作り出される**ストレス・アクセント言語**（stress- accent language）に大別できる。日本語は前者、英語は後者である。

2 つの語が組み合わさった合成語、複合語の場合は、clássmate のように前の部分に強勢が置かれるのが一般的であるが、fírst-cláss のように両方に強勢が置かれることもある。合成語、複合語ではない連続した 2 語の場合は、後の語に強勢が置かれることで区別される。「ホワイトハウス」（アメリカ大統領官邸）は Whíte House だが、「白い家」は white hóuse である。

語より大きい句の単位では、「～ing 形 + 名詞」句の場合、動名詞の場合と現在分詞の場合とで強勢の位置が異なる。「動名詞 + 名詞」の場合は、sléeping bag（寝袋）のように前の語に強勢が置かれ、「現在分詞 + 名詞」の場合は、sleeping chíld（寝ている子ども）のように後の語に強勢が置かれる。

英語の変種によって語強勢が異なる場合がある。内円圏英語では succéss のところを、ナイジェリア英語では súccess になり、内円圏英語の récognize はインド英語では recogníze になるという。また、impórt（動詞）、ímport（名詞）のように、動詞、名詞の区別を内円圏英語のようにしない変種や、強勢のない母音が弱形化（後述）しない変種もある。グローバル・コミュニケーションにおいては注意が必要だ。

5-2-9 文強勢

文中で語が受ける強勢を**文強勢**（sentence stress）と呼ぶ。文の中でメッセージ上重要な語に文強勢が置かれる。話者が文全体の意味をどう表したいかによって通常の位置から文強勢の移動が起こる。

一般に、人称代名詞、be 動詞、前置詞などの**機能語**は文強勢を受けず、文強勢を受けるのは**内容語**だが、話者の意図に応じてそうではない場合もある。例えば、一般的な文脈では、THANK you、EXCUSE me などのように文強勢が置かれるが（大文字は文強勢の置かれた語）、

    a. A：THANK you.
         B：Thank YOU.
    b. A：EXCUSE me.
         B：Excuse ME.

などの B の発話は you や me に強勢を置くことで「いえいえ、こちらこそ」というような意味で使われる。

文強勢を含めた強調の仕方は、グローバル・コミュニケーションにおいて問題になりやすい。Gumperz *et al.*（1979）（および、Kachru and Smith 2008）では、英語母語話者（銀行窓口係）と非母語話者のやりとりで、非母語話者の文強勢の置き方でミスコミュニケーションが起こった例をあげている。

    行員：Oh, I see. OK. You'll need a deposit form then.
    客：Yes. NO. NO. This is the WRONG one.

deposit form（預金票）は、自分が求めている用紙と違うと客は意図したようだが、行員は自分が非難されているように感じたという。

5-2-10 音変化

個々の単語を連続して発話すると、単語内、単語間で**音変化**が生じることがある。音変化は文や句の構造や意味との密接な関係がある。あまり意味的に重要でない部分が弱く発音されたり、前後の音に影響されて異なった音になったり、あるいは、まったく発音されなくなってしまったりすることがある。例えば、前置詞や冠詞などの**機能語**は**内容語**よりも弱く発音される傾向があり、また、使用頻度の高い語の連続では一部の発音が省略されたりする。**縮約、弱形、連結、同化、脱落**などの現象である。以下に略述しよう。

5-2-11 縮約

縮約（contraction）は、表記のうえでも形が変化し、発音上の変化が生じる現象である。be 動詞、have、助動詞や not をともなう場合などによく表れる。表記においては省略部分に〈'〉（apostrophe）の記号を付ける。

例としては、I am → I'm、have not → haven't などがある。you'd のように、you had の縮約形か you would の縮約形かを後続の表現で判断されるものもある。

5-2-12 弱形

英語の単語の中には、アクセントが置かれた場合と置かれない場合で発音が異なるものがある。アクセントが置かれた発音を**強形**（strong form）と言い、置かれない場合を**弱形**（weak form）と言う。一般に、接続詞、冠詞、人称代名詞、前置詞、be 動詞、助動詞などの**機能語**は特別な強調がない限り、弱形で発音される。

強形と弱形の組み合わせは、この後で触れる英語のリズムを作り出している。日本人の英語を含め、外円圏、拡大円圏の英語の中間言語（非母語話者の言語使用）の中にはすべての音を強形で発音するものが見られる。当然、内円圏英語らしいリズムにはならない。

5-2-13 連結

連続する音のタイプによって、音の**連結**（linking）が起こる。前の子音の種類により、far_away のような r-linking、turn_over のような n-linking などがある。連結した語は1つのまとまりとして発音する。

これらは語末の r を発音しないイギリス英語においても見られる。綴り字は発音しなくても話者の意識にあるということだ。

5-2-14 同化

ある音が隣接音の影響でそれに似た音に変化することを**同化**（assimilation）と言う。同化には、bags [s] → [z] や、アメリカ英語で a lot of の t が [d] になるように調音が近く先行する音が後ろの音に影響を与える同化や、this should [s] → [ʃ] のようにその逆のケース、don't you [t] [j] → [tʃ] のようにお互いが影響を与え合う同化がある。

5-2-15 脱落

強勢のない音節において、母音や子音が落ちることを**脱落**（elision）と言う。1つの単語の中でも起こりうるし、2語の語末と語頭において、ある音がまったく消えてしまうということもある。

parade [pəreɪd] → [preɪd] のように強勢のない母音が脱落したり、friendship [frendʃɪp] → [frenʃɪp] のように調音が近い子音が脱落したりする。cupboard [kʌbərd] のように脱落が確立しているものもある。

脱落とは逆の現象だが、英語の内円圏（英米圏）では発音しない comb、lamb の語末の "b" の音を、英語の外円圏、拡大円圏では発音する地域がある。**綴り字発音**と呼ばれる現象である。

5-2-16 リズム

強勢や次項のイントネーションと並んで文のレベルで観察される一定のパ

ターンが**リズム**（rhythm）である。音節によって生み出されるリズム（syllable-timed rhythm）と強勢によって生まれるリズム（stress-timed rhythm）の2種類があるとされている。日本語は、七五調のようにモーラによるリズム（mora-timed rhythm）が特徴である。

慣習化されたリズムが決定的に重要な役割を果たす場合もある。

 a. You can do it.
 b. You can't do it.

は否定の"t"（/t/）の有無が肯定か否定かの違いを生むわけで、非常に重要な要素だが、しばしば弱形となる。弱形となってもなぜ否定であることが識別できるかと言えば、肯定の場合とリズムのパターンが異なるからだ。一般に、a. の方は"can"が弱形で"do"に文強勢が置かれ、b. の方は"can't"が文強勢を受けるからである。

一定の構造が繰り返される中で詩的な効果を生むこともある。**頭韻**や**脚韻**などがその例である。

5-2-17 イントネーション

発話の中で声の高さ（ピッチ）が変動することでできる型を**イントネーション**（intonation）と言う。「抑揚」、「音調」などとも言われる。絶対的な声の高さには個人差があるが、自分の声幅の中での相対的な声の高低がピッチである。英語では強勢やリズムと並んで重要な韻律である。

イントネーションは、話し手の心的態度を反映したり、句や節の切れ目、平叙文と疑問文の区別をしたり、話題の流れやまとまり、話題の転換を合図したり、情報の新旧を表したりする。

5-2-18 コミュニケーションに関わる音声学的現象

話し手の顔と口の動きが聞き手の音声の知覚に影響を与えることが知られ

ている。この研究の発表者マガーク（Harry McGurk）とマクドナルド（John McDonald）（McGurk and McDonald 1976）にちなんで**マガーク効果**（McGurk effect）と呼ばれている。

また、騒音やほかの人の話し声の中にあっても自分に強い関心のある特定の音（例えば自分の名前）に対しては敏感に聞き取る能力を持つという現象を**カクテルパーティー現象**（cocktail party phenomenon）と呼んでいる。意味の重要性の高い音刺激と低い音刺激に対して選択的に聞き取っているのである。

以上のように音声学的な諸事象は、生物体としての人間が持つ物理的、自然科学的側面がある一方で、文化や固有の言語、あるいはコミュニケーションに関わる側面も持っていると言える。

5-3 〉音韻論

音声学が、特に現代においては、テクノロジーを駆使した自然科学の性格を強く持つのに対し、個別の言語の音構造や音規則を研究する分野が**音韻論**（phonology）である。英語音韻論では、英語という言語にどのような音の単位が存在し、それぞれが区別をなし、それらがどのように配列されるかを体系化する。

どの言語にも固有の音の配列のパターンや傾向があることは興味深い事実だ。例えば、以下のような文字の配列の輪を見せられたとしよう（この文字を読めるとして）。

```
    N D O
  O     N
  D     D
    N O
```

おそらく日本語の話者は「ド・ン・ド・ン・ド・ン（do n do n do n）」と、2音節として読む人が多いだろう。英語話者の多くは "don don don" と1音節に読むに違いない。さらに、われわれにとっては興味深いことに（当人たちにはたぶん当然なことに）、アフリカの多くの言語の話者は "ndo ndo ndo"（ンド・ンド・ンド）と読むかもしれない。そのような音の配列は珍しくないからである（そのようなアフリカの言語では日本式しりとりは成り立たない。）[3]。

音韻論の基本概念のうち最も重要と考えられるのは、**音素**、**相補分布**、**自由変異**の3つだろう。このうち**音素**については第4章ですでに触れた。英語固有の音の区別ということである。これをふまえて、以下に残りの2つについて見てみよう。

5-3-1 相補分布と自由変異

第4章の音素の話で見たように以下の /p/ の音は同じようでも物理的には微妙に違う。単語内のどの位置に来るかによって異なる。つまり、音韻論的には同じだが、音声学的には異なった音である

/p/　a. pin　　[pʰ]
　　　b. spin　 [p]
　　　c. stop　 [p˺]

3　実際ジンバブエには Ndondondo という地名がある。

第4章よりもここでは音声学的にややくわしく言うと、a. 語頭の場合、帯気音（Aspiration, [ʰ] で示される。したがって [pʰ]）と呼ばれる強い息の放出をともなう。b. 語中の場合、帯気音をともなわない（[p]）。c. 語末の場合、聞こえるほどの音の放出がない（[˺] で示されている（[p˺]）。非開放音）。しかし、これらは英語では1つの音素であり、区別されない。そして、/p/ の音と認識される音で、[pʰ] は語頭に現れ（言い方を変えると、語頭に生じると帯気音となる）、[p˺] は必ず語末に現れる（語末では非開放音になる）。どちらか一方しか現れないのが**相補分布**であり、これらは同一音素である[4]。そして、同じ位置で場合や発話者によって自由に選択できる異音の形を**自由変異**（free variation）と言う。

---

4 相補分布にある異音2つはウルトラマンとそれに変身するハヤタに似ている。同時には絶対に現れず、同一人物（？）である。

□　参　考　文　献　□

〈日本語〉

井上逸兵，横山安紀子，金子育世（2013）『英語音声学』慶應義塾大学通信教育部教材.

今井邦彦（2007）『ファンダメンタル音声学』ひつじ書房.

西光義弘（監修），窪薗晴夫（著）（1998）『音声学・音韻論』（日英語対照による英語学演習シリーズ 1）くろしお出版.

竹林滋（1996）『英語音声学』研究社.

竹林滋，斎藤弘子（1998）『改訂新版　英語音声学入門』大修館書店.

竹林滋，斎藤弘子（2008）『新装版　英語音声学入門』大修館書店.

原口庄輔（1994）『音韻論』（現代の英語学シリーズ第 3 巻）開拓社.

〈英語〉

Carr, P. (1999) *English Phonetics and Phonology: An Introduction.* Wiley-Blackwell. [2nd ed. (2012)]（竹林滋，清水あつ子（訳）（2002）『英語音声学・音韻論入門』研究社.）

Gumperz, J. J., Jupp, T. C., and Roberts, C. (1979) *Crosstalk: A Study of Cross-cultural Communication.* National Centre for Industrial Language Training.

Jones, D. (2013) *An Outline of English Phonetics...with 131 Illustrations.* Hardpress Publishing.

Ladefoged, P. (1975) *A Course in Phonetics.* Wadsworth Publishing Co. [7th ed. (2014)]（竹林滋，牧野武彦（訳）（1999）『音声学概説』大修館書店.）

McGurk, H. and McDonald, J. (1976) "Hearing Lips and Seeing Voices." *Nature*, 264 (5588). pp. 746-748.

Roach, P. [1983 1st ed.] (2009) *English Phonetics and Phonology: A Practical Course.* 4th ed. Cambridge University Press.

Schneider, E. W. (2003) Evolutionary Patterns of New Englishes and the Special Case of Malaysian English. *Asian Englishes*, 6(2). pp. 44-63.

■ 練習問題 ■

1．フォニックス（phonics）について調べてみよう。
2．母音、子音のそれぞれの音の発音の際の舌の位置を調べてみよう。
3．リズムとイントネーションによって解釈が異なりそうな例を探してみよう。
4．発声器官について調べてみよう。
5．日本語と英語、あるいは一般的な日本人と英米人の音声の違いについていくつか例をあげてみよう。

6. 英語の語彙（形態論）

6-1 形態論とは何か

　意味を担う最小の単位は**形態素**（morpheme）である。単語に満たない接辞なども意味を担うものがある。例えば、動詞が活用して付く語末の -ed は「過去」という意味を担うし、unhappy の un- は否定の意味を担う。このように語がどのような構造を持っているか、語の中にどういう要素がどのように並べられて語が形成されているかを解明しようとするのが形態論（morphology）という分野である。語を形成し、理解する能力の解明に焦点を置く考え方もある。また、新語の形成も形態論の考察の対象である。

6-2 形態素の分類

6-2-1 形態素とは

　形態素は、語以下（語を含む場合もある）で、意味を担う最小単位である。典型的には接頭辞、接尾辞を連想することが多い。文法的な標識になっている接尾辞である形態素を列挙してみると、3 人称単数現在の動詞に付く -s（He plays...）、規則変化動詞の過去時制、過去分詞を表す -ed、進行形を形成する -ing、一部の動詞の過去分詞を作る -en、複数形の -s、所有格の -'s、形容詞の比較級を形成する -er、最上級の -est などである。
　また、接頭辞には、よく知られたものに、否定の接頭辞がある。un-、dis-、

non- などや、「再び」などの意味合いの re-、「2つ」を意味する du-、di-、「前」を意味する fore- など、さまざまにある。

6-2-2 拘束形態素と自由形態素

　これらの接頭辞、接尾辞に共通することは、単独で語としては用いられないということである。多くは、**語基**（base）である語の中心部に「寄生」することによってのみ使われる。このような形態素を**拘束形態素**（bound morpheme）と言う。一方、それ自体で単独で用いられる形態素は**自由形態素**（free morpheme）と呼ぶ。

　拘束形態素は、一般に、**接頭辞**（prefix）、**接尾辞**（suffix）などの接辞（affix）と呼ばれるものが多い。それらが、語基に付いて語が形成されていく。語基は通常、自由形態素である。拘束形態素である接辞が付くもとの形態素という意味で、語基を**語幹**（stem）と呼ぶこともあり、また、接辞など付加的なものをすべて取り除いたもとという意味で**語根**（root）と言うこともある。例えば、globalization という語の成り立ちを考えると、

　　globe　　　-al が付く語基（base）、かつ語根（root）
　　global　　 -ize が付く語基
　　globalize　-ation が付く語基

```
              globalization
                   /\
               globalize
                 /\
             global
              /\
          globe  al   ize   ation
```

出典：Plag *et al.* 2009 p. 79 の図をアメリカ綴りに改編。

となる。

　自由形態素は基本的に単独で用いることができる要素で、それに拘束形態素が付く形で、別の語ができたり、活用したりする、というのが基本的図式である。例えば、agree という語（かつ、自由形態素）に dis- という接頭辞（つまり、拘束形態素）が付いて、disagree という語ができ、-ment という拘束形態素が付くことで、disagreement という語ができる。この内部構造については次節で述べる。

　ただし、すべての語が自由形態素を語基としているとは必ずしも言い切れない。例えば

　　　sustain、contain、pertain

などの語は、直観的に、それぞれ

　　　sus + tain、con + tain、per + tain

という具合に、形態素に分解できるように思われるが、sus や con などは一般的に拘束形態素の接頭辞であるとしても、tain は単独で用いられることはないので自由形態素とは言えない。つまり、この語は語基と言えそうなものが自由形態素ではないのである。ただしこの tain はラテン語の tenere からきたもので、英語で言えば hold という語に相当するので、本来は単独で用いられる自由形態素だと言うこともできなくはないかもしれない。しかし、一般の英語話者に語源の知識があるとは限らない。

　ちなみに、

　　　strawberry　→　straw + berry
　　　blackberry　→　black + berry
　　　blueberry　　→　blue + berry

はそれぞれ自由形態素＋自由形態素という成り立ちだが、cranberry の cran はこの語の一部としてしか用いられることはない。これを自由と見なすか拘束と見なすかは判断が分かれるだろう（Plag *et al.* 2009）。

6-3 ▶ 形態素による語形成

6-3-1 屈折と派生

　形態素によって語が生み出されたり変化したりするのには2通りあり、**屈折**（inflection）と**派生**（derivation）とがある。

　屈折は、ある単語の語形変化であり、名詞ならば単数形、複数形、所有格形、動詞ならば原形、3人称単数現在形、過去形、現在分詞形、過去分詞形、形容詞ならば原級・比較級・最上級などの変化のことを言う。屈折は1つの単語の文脈や文の中での役割に応じた変化であり、たとえ形が変化しても同じ1つの単語と見なす。

　一方、派生は、ある1つの単語にほかの形態素を付加することで別の単語を作ることである。例えば、happy に un- という拘束形態素である接頭辞を付けると、正反対の意味の別の形容詞になり、-ness という同じく拘束形態素である接尾辞を付けると happiness という別の語になり、形容詞から名詞というように別の品詞の語になる。-ly を付ければ、happily という副詞になる。簡潔に言えば、派生接辞は派生語を作るための接辞であり、屈折接辞は文法上の関係を表現するための接辞である。また、一般に派生接辞は語基に複数重ねることができるが、屈折接辞は1語の語末に1つしか付かない。

6-3-2 形態素の統語的関係

　形態素に関わる問題は1単語内の問題でもあるが、統語的な関係も反映されている。例えば、動詞派生で -able という接尾辞が付いている形容詞は、一般にその形容詞が修飾する名詞ともとの動詞が「動詞＋目的語」の関係に

あるものが多い。つまり、その動詞は他動詞ということになる。例えば、

    That book is readable.
    the admirable essay

は、それぞれ、

    read that book
    admire the essay

という統語構造を内包していると言える。ただし、すべてのこの接尾辞に言えるわけではなく、例えば、amicable（友好的な）の語基にあたる部分はラテン語の amicus で、「友人」の意味である。

　また品詞については、ある程度一貫性のある品詞の転換がある。＋ly という接尾辞は、一般に「形容詞＋ly」という組み合わせでは副詞になり、「名詞＋ly」は形容詞になる。例えば、

    fortunate（形容詞）＋ly　→　fortunately（副詞、「運よく」）
    quick（形容詞）＋ly　→　quickly（副詞、「速く」）
    friend（名詞）＋ly　→　friendly（形容詞、「友好的な」）
    man（名詞）＋ly　→　manly（形容詞、「男らしい」）

となる。

6-3-3　形態素の階層構造

　形態素が1つの語の中で複数あるということは珍しいことではない。それを語基に付加される順序で見ると、語の中の形態素の階層構造が見えてくる。例えば、unfearful という語を考えてみよう（Plag *et al.* 2009）。"having no fear, fearless" と OED には語義がある。単純には

  un + fear + ful

と考えられるが、

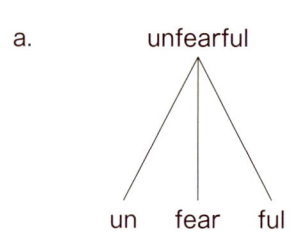

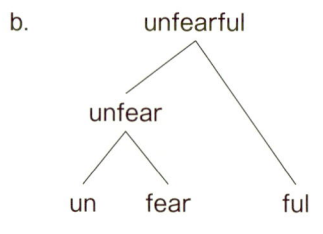

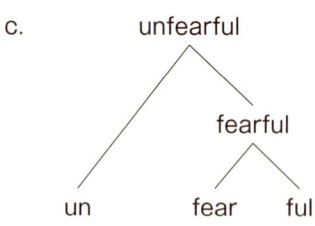

 a. unfearful
   ／｜＼
  un fear ful

 b. unfearful
   ／＼
  unfear ful
  ／＼
 un fear

 c. unfearful
  ／＼
 un fearful
   ／＼
   fear ful

出典：Plag *et al.* 2009。

のうち、どの構造と考えるべきだろうか。一般に -ful の接尾辞は、

  x-ful → full of x

というような意味と考えられる。a. のように３つの形態素が並列に同時に組

み合わさっていると考えると、この語の意味を正しく反映していないことになる。b. のように考えると、unfear という語があることになり（実際にはない）、"not fear" というような意味を想定するとそれに -full が付けば、"full of not fear" ということになり、語義を反映していない。c. のように考えると、fearful という語形成がまずあり、その否定形としての unfearful ということで妥当な意味が得られる。つまり c. のような階層構造を想定するのがよいだろう。

また、派生接辞と屈折接辞との両方が語基に付く場合、一般に「派生接辞＋屈折接辞」という順序の階層構造がある。つまり、屈折接辞が付けられるとそれ以上語形成ができなくなる。構造が閉じられるのである。

glob*al* → global*ize* → globaliz*ation* → globalizational
（派生接辞）（派生接辞）　（派生接辞）

glob*al* → global*ize* → globaliz*ed*　［終わり］
（派生接辞）（派生接辞）　（屈折接辞）

6-3-4 事例——否定の形態素

最も使用頻度が高いものの1つと思われる形態素である否定の形態素を事例として見てみよう。

英語の否定の接頭辞で、最も生産性の高いものとしては non-、un-、dis-、in- がある。

nonalcoholic（アルコールを含まない）
nonpolitical（政治に関係しない、ノンポリ（の））
unacceptable（容認不可能な）
unbalance（不均衡）
disable（無力にする）

disambiguate（二義性を解除する）
inappropriate（不適切な）
incomplete（不完全な）

など枚挙にいとまがない。それぞれ結び付く主な品詞が違う。

non- → 名詞、動詞、形容詞
un-、in- → 形容詞
dis- → 動詞、名詞

そのほかにも生産性はあまり高くないが、a-、anti-、contra-、counter-、de-、mal-、mis-、のような否定接頭辞が多数ある。pseudo-、quasi-、under- などを含めることもできる。例をあげれば、

asymmetry（非対称）
antibiotic（抗生物質（の））※生物に抗う
contradiction（否定、矛盾）
counterexample（反例）
detox（解毒）※毒を消す
malfunction（不調、機能不全）
misunderstanding（誤解）
pseudoarchaic（擬古調の）※似て非なる物
quasicrystal（準結晶）※実際は結晶と非結晶の中間らしい
underclothed（薄着の）※衣服を十分に着ていない

などがある。
　これらを見てもわかるように一口に否定語と言ってもさまざまである。例えば、

fold（たたむ）　―　unfold（ひろげる）
　　armament（武装）　―　disarmament（武装解除）

のように一方の行為、動作の「逆」の行為、動作というものもある。
　ソーシャル・ネットワーキング・サービス（SNS）の Facebook では de-friend は友人のリストからはずすことを意味し、いくつかのアフリカの英語では destooling は独裁者を権力の座から引きずり降ろすことを指す（Y. Kachru and Smith 2008）。
　否定の接尾辞には、-less と -free がある。

　　hopeless（望みのない、見込みのない）
　　useless（無用な）
　　meaningless（意味のない）
　　barrier-free（バリアフリー、障壁のない）
　　stress-free（ストレスのない）
　　sugar-free（無糖の）

これらについて興味深いことは、-free の方は x-free の x にあたるものが望ましくないもの、取り除きたいものという含意があるということだ。barrier も stress もない方がよいというのが普通だ。したがって、sugar-free ということばは、sugar（糖分）の過摂取は好ましくないという社会、文化の認識を表していることになる。語用論的、社会文化的知識が形態素の成り立ちにも影響を与えているのである。したがって、

　　careless（不注意な）
　　carefree（気苦労のない、のんきな）

では、それぞれの care の意味合いが異なっているということになる。「ある

べき、あることがのぞましい注意」が「ない」のが careless で、「ない方がよい、なくしたい心配、心労」が「ない」のが carefree である。

6-4 形態素による語の分類

　語を形成する形態素の種類とその組み合わせによって、単一語、合成語、複合語という分類ができる。

　単一語とは、それ以上小さい自由形態素に分解できない語、つまり、最小の自由形態素（minimum free morpheme）である。一般に、単音節の語は単一語であることが多いだろう。先に述べたように、ギリシャ語、ラテン語起源の語については、直観的に以下に述べる合成語、複合語であるように思われても、contain, sustain などのように、自由形態素に分解できないものもある。これを単一語と見なすか否かには議論がありえよう。

　合成語は、1つ以上の拘束形態素を含む語である。careless という語には care という自由形態素に -less という否定の意味の接尾辞である拘束形態素が付いたもので、unhappy は happy という自由形態素に un- という否定の意味を表す接頭辞である拘束形態素が付けられたものである。

　複合語は、複数の単一語から成る語である。例えば、greenhouse は green + house の複合語で、「緑」+「家」以上（あるいは以外）の意味になっている。「温室」は必ずしも緑色ではない。boyfriend も通常はたんなる「男の子の友人」以上の関係である（日本語の「ボーイフレンド」は少しニュアンスが違う場合があるかもしれない）。

　世界の英語の事例では、この複合語においてその文化、社会に応じた語彙の組み合わせが生まれている。例えば、フィリピンの英語新聞では、カージャック犯という意味で carnapper（アメリカ英語なら carjacker）[car + nap (p) + er]、再選をめざす立候補者を reelectionist [re + elect + ion + ist]、「全学生」を意味する studentry [student（もしくは stud(y) + ent) + ry] などの例が見られる。

いわゆる和製英語を英語のバリエーションの1つと見なすかは議論が分かれるだろうが、ここでもやはり内円圏の英語には見られない語形成が見られる。例えば、「○○＋アップ（XX-up）」という造語はしばしば見られるが、内円圏には見られない、理解困難な語が多い。「イメージアップ」、「ベースアップ」、「レベルアップ」のような「アップ」は和製英語の造語法の基本の1つであるが、*image-up、*base-up、*level-up は内円圏英語では意味不明である。それぞれ improve the image、pay raise、improve the quality くらいが相当の表現だろう。

6-5 　形態素の生産性と語形成

　すでにいくつかの例に触れてきたが、新しく語を作り出すことを**語形成**（word formation）と言う。語形成には、既存の要素をまったく含まない語の創造と、既存の要素の結合によるものがある。形態素の組み合わせによって1語が形成されるだけでなく、次の複合語のように分かち書きをした2語から成るものも含める。語形成の種類には、先に触れた派生、屈折以外にも、複合、転換、またはゼロ派生、借用、逆成、短縮、頭字語、混成、新造語などがある。ここではその生産性と慣習性に着眼しながら見てみよう。

6-5-1 　複合語

　本来は2語、あるいは2つの自由形態素であるが、1語と見なされる慣用性がある結び付きの語を**複合語**（compound）と言う。文字にすれば、2語であるものもあるが、その強勢によって単なる2語とは識別される。複合語のタイプとしては、次表 6-1 のような組み合わせがある。

表6-1 複合語のタイプ

Noun + Noun	Adjective + Noun	Preposition + Noun	Verb + Noun
landlord	high chair	overdose	go-cart
chain-smoker	blackboard	underdog	swearword
snail mail	wildfire	underarm	scarecrow

Adjective + Adjective	Noun + Adjective	Preposition + Verb
red-hot	sky-blue	oversee
icy-cold	earthbound	overstuff
bittersweet	skin-deep	underfeed

出典：Akmajian *et al.* 2010

　一般的に言うと、複合語の全体の品詞は、右側の（後の）語の品詞と同じである。

　複合語の中には、bathroom のように分かち書きせず文字通り1語として綴るもの、ape-man のようにハイフンでつなぐもの、living room のように2語に分かち書きしているものもあるが、明確なルールがあるわけではなく、慣用度が高くなるとハイフン付きが1語になるのであろう。blackboard も20世紀初頭には black-board と綴られていたようだ。ハイテクの世界では、複合語の2番目の語を大文字で書くものがある（MacBook、WordPerfect など）（Akmajian *et al.* 2010）。

　複合語は前半の語、または自由形態素に強勢がある。それによって1語であることが慣習化されていることがわかる。

 a. the WHITE house（アメリカ大統領官邸）
 b. a white house（白い家）

 a. an ENGlish teacher（英語教師）
 b. an English TEAcher（イギリス人の先生）

6-5-2 転換（ゼロ派生）

　語の形は変えないで、品詞だけを変えて新しい語を形成することを**転換**（conversion）、または**ゼロ派生**（zero-derivation）と言う。いくつかのパターンを見てみよう。主なものとしては

　　名詞から動詞に：ship、shop、bike　など
　　形容詞から動詞に：clear、open　など
　　形容詞から名詞に：professional、representative　など
　　動詞から名詞に：walk、survey、breakthrough　など

名詞→動詞では、原則として強勢の位置は変わらないが、動詞→名詞では、動詞では第2音節にあった強勢がしばしば名詞では第1音節に移る。

名詞から動詞
　　shamPOO（シャンプー）→ shamPOO（シャンプーする）
　　BOttle（ボトル）→ BOttle（ボトルに詰める）

動詞から名詞
　　conDUCT（行動する）→ CONduct（行動）
　　conTRAST（対比する）→ CONtrast（対比）

名詞から動詞への転換、ゼロ派生は、英語の語形成の中でも特に生産性が高い。検索エンジンの名である Google を動詞に転換する例もある。

　　I *googled* myself on the Internet.
　　（エゴサーチした。）

6-5-3 借用

ほかの言語から輸入され、使われることを**借用**（borrowing）と言う。借用には**直接借用**（direct borrowing）と**間接借用**（indirect borrowing）がある。英語は積極的に多くの語を借用してきた。ドイツ語からの kindergarten、フランス語からの croissant、日本語からの sushi など無数と言ってよいほど多い。アステカ語からスペイン語に入り、英語に借用された語も多い。avocado、cocoa、chocolate、tequila、tomato など多数である。これらはみな直接借用である。

一方、間接借用とは翻訳されて借用されている語である。firewater（度数の高い酒）、iron horse（蒸気機関車）などはアメリカ先住民の語の訳、worldview、superman はそれぞれドイツ語の Weltanschauung、Übermensch の訳語である（Akmajian *et al.* 2010）。

6-5-4 逆成

多くの派生語は語基に接辞が付くことでできあがるが、その逆のプロセスをたどって語が形成されることを**逆成**（backformation）と言う。例えば、edit という語より先に editor という語があり、そこから形態素の -or を取って edit という語ができた。television という語から televise という語ができたり、typewriter から typewrite という語ができたりなどと、テクノロジーの産物がまずあり、そこから動詞が逆成されるものも多い。

6-5-5 短縮

文字通り短く縮められて語が形成されるのが**短縮**（clipping）である。advertisement を ad、facsimile を fax、photographic opportunity を photo op にするなど、多数ある。文字のうえで、Mr.、Dr. のように短縮するものもある。

短縮のタイプとしては、(air)plane、(omni)bus のように前部を短縮する

ものと exam(ination)、info(rmation)、math(ematics) などのように後部を短縮するものとがあり、この 2 つが多い。(in)flu(enza)、(re)frige(rator) のように両方が短縮されるものもある。

6-5-6 頭字語

複合語などの頭文字を並べた語を**頭字語**（acronym）と言う。

a. United Kingdom → *UK*
   Member of Parliament → *MP*
   portable document format → *PDF*
   digital video disc → *DVD*
b. North Atlantic Treaty Organisation → *NATO*
   National Aeronautics and Space Administration → *NASA*
   Test of English as a Foreign Language → *TOEFL*
   lightware amplification by stimulated emission of radiation → *laser*

これらのうち、a. のグループはアルファベット読みするが、b. のグループは /neitou/、/næsə/ などと綴り字読みする。英語では a. を initialism、b. のみを acronym として区別する場合もある。

radar (radio detection and ranging) や scuba (self-contained underwater breathing apparatus) のように 1 つの語として認識されつつあるものもある。

6-5-7 混成

独立した 2 語の一部分ずつを混ぜ合わせて新しい単語を作ることを**混成**（blending）と言う。

smoke + fog → smog

breakfast + lunch　→　brunch
Oxford + Cambridge　→　Oxbridge

などがその例である。

6-5-8　複合語の意味の特定化

次の２つの文を比べてみよう。

a. Mary goes to the theater.
b. Mary is a theatergoer.

　a. は「劇場に行く」という文字通りの意味だが、b. は「定期的によく行く人」で、かつ「芝居通、芝居好き」というような意味合いを持つ。churchgoer も「頻繁に、かつ熱心に教会に行く人」という付加価値的意味が加わっているのである。
　ところが、一般に schoolgoer や policegoer というような語はない。学校へ「足繁く通う」という言い方を日本語でもしないように、学校の生徒、学生であれば、通うのは当然であり、警察に足繁く通うことはあまりなさそうなうえに、あったとしてもあまり価値が置かれないからだろう。
　語形成にも人の生活や価値観が反映されているのである。アフリカのいくつかの英語のバリエーションでは small room は「トイレ」、dining leaf（使い捨ての皿として使われるバナナやハスの葉）が用いられるなど、生活に密着した語形成が行われている。

□　**参 考 文 献**　□

〈日本語〉

伊藤たかね，杉岡洋子（2002）『語の仕組みと語形成』研究社.

大石強（1988）『形態論』開拓社.

小野尚之（2005）『生成語彙意味論』くろしお出版.

影山太郎（1993）『文法と語形成』ひつじ書房.

窪薗晴夫（1995）『語形成と音韻構造』くろしお出版.

窪薗晴夫（2002）『新語はこうして作られる』岩波書店.

〈英語〉

Akmajian, A., Demers, R. A., Farmer, A. K. and Hamish, R. M. (2010) *Linguistics: An Introduction to Language and Communication.* 6th ed. The MIT Press.

Kachru, Y. and Smith, L. E. (2008) *Cultures, Contexts, and World Englishes.* Routledge.（井上逸兵・多々良直弘・谷みゆき・八木橋宏勇・北村一真訳（2013）『世界の英語と社会言語学——多様な英語でコミュニケーションする』慶應義塾大学出版会.）

Katamba, F. (1993) *Morphology.* Macmillan.

Plag, I., Braun, M., Lappe, S. and Schramm, M. (2009) *Introduction to English Linguistics.* 2nd Revised ed. Mouton de Gruyter.

Quirk, R., Greenbaum, S., Leech, G. and Svartvik, J. (1985) *A Comprehensive Grammar of the English Langauge.* Longman.

Spencer, A. (1991) *Morphological Theory: An Introduction to Word Structure in Generative Grammar.* Blackwell.

Sugioka, Y. (1986) *Interaction of Derivational Morphology and Syntax in Japanese and English.* Garland.

■ 練習問題 ■

1．接頭辞 re- について調べてみよう。
2．次の文の諸要素を自由形態素と拘束形態素とに分けてみよう。

Those who are not looking for happiness are the most likely to find it, because those who are searching forget that the surest way to be happy is to seek happiness for others.

（Martin Luther King, Jr.）

3．日本語の新語の造られ方と英語のそれとでは、何かそれぞれに特徴があるか調べてみよう。
4．接尾辞によって語源情報の手がかりが得られるか調べてみよう。
5．頭字語のうち、initialism と acronym を区別したり、読み方の慣習が生まれる基準があるか考えてみよう。

7. 英語の文法（統語論）

7-1 〉統語論とは

　前章の形態論は語の内部構造を扱ったが、語と語との結び付きを扱う分野を**統語論**（syntax）と呼ぶ。一般的に言う文法をここに含めて考えてよい。英語は第2章「英語の変遷」で見たように、格変化を衰退させ、現代英語では文中の語の統語的（文法的）役割を語順に依存するようになっている。したがって、現代の英語学における統語論の議論は語順という制約の中で行われる部分が多い。

　語順に依存するということは、単語をデタラメに並べては意味をなさないということである。したがって、

　　Everybody loves Mr. Inoue.

は（大いに）意味をなすが、

　　Loves everybody Inoue Mr.

はまっとうには意味をなさず、

　　Everybody loves Mr. Inoue.

Mr. Inoue loves everybody.

の2文は同じ語が使われていても異なった意味となる。

　統語論においては、(チョムスキー流の言い方だが) 文が最大にして最小の分析対象であると考えられている。統語論が文を分析の単位としているのは、文未満（音声、形態素など）、もしくは文を超えた単位（談話、テクスト）は論ずるに値しないということではない。それぞれに特有の現象があるように、文だけの特性が見られるからである。一般に、ほかの分析単位と比べて文を特徴付けている特性は、文法的に正しいとされる文を構成する制約が厳しいということであろう。それは規則という形で提示できる。つまり、その規則に違反していれば非文法的な文とされ、その規則に従っている文だけが文法的な文であるとされるということである（逆に言えば、語用論や談話分析で論ずるような事象と文法事象とは異なるということだ）。その意味で文および文法は特別な位置付けがなされていると言ってよかろう。

7-2 〉文の構造

7-2-1　構成素

　文は、意味と形式のまとまりである**構成素**（constituent）から成り立っている。文を構成する最小の構成素は語であり、語は別の語と結び付いて**句**（phrase）を形成する。例えば、冠詞と名詞が組み合わさって名詞句が形成され、動詞と目的語が組み合わさって動詞句が形成される。その動詞句や名詞句も1つの構成素であり、さらに組み合わさって文が形成される。したがって、文自体も1つの構成素として**句構造**（phrase structure）を形成していると言うことができる。そのように句構造は階層構造をなしている。

　そもそも、このまとまりをなぜまとまりとして感じられるのか、まとまりとして理解できるのかについては、いくつかの説明の仕方、考え方があるが、

本書ではそこには踏み込まないことにしよう。少なくとも言えることは、例えば次のような直観が英語の母語話者やある程度以上の学習者にはあるということだ。

　　The linguist wrote this book.

という文があるとき、直観的に The linguist はまとまりを成していることがわかる。その1つの証拠は、それらの語を She もしくは He と1語に（つまり、ひとまとめに）することができると英語の話し手はわかるということである。さらに言えば、this book も同様に it と1語に置き換えることができることで、それが1つのまとまりであると英語話者は認識することがわかる。

　ところで、自然言語は文字にすれば1列で書くのが普通であるし、音声であれば1度に2つのことを同時に言うことができない。線的に1度には1つの発話しかできない。これを**言語の線状性**（linearity）と呼ぶ。実際には同時に起こっていることでもことばにするのには、線的に表現するしかない。仮に言語学者がごはんを食べることと本を読むことを同時にしていたとしても、「ごはんを食べながら本を読んだ」か「本を読みながらごはんを食べた」かのどちらかで言うしかない。

　言語がそのような性質を持っているにもかかわらず、先に見たようなまとまりの認識は、線的に並べられた文に話者は階層構造を読み取っているということを示している。それは次のような事実を考えればより明確になるだろう。The linguist と this book がひとまとまりに認識されるのに加えて、wrote this book もさらに上位のまとまりと考えられる。なぜなら、例えば、

　　A：The linguist wrote this book.
　　B：He did?

という会話もありうるからである。つまり wrote this book をひとまとまり

第7章　英語の文法（統語論）　105

と捉え did 1 語に置き換えていることがその証左となる。そのように考えると、この文の階層構造を次のような図（**樹形図**（tree diagram）と言う）で表すことができそうだ。

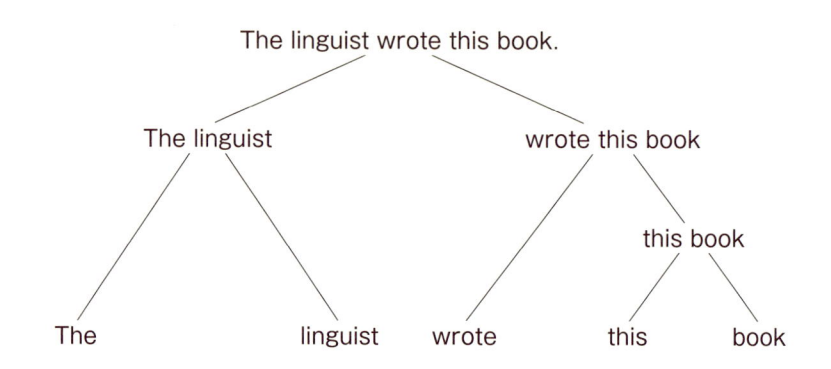

```
              The linguist wrote this book.
                 /                    \
          The linguist            wrote this book
           /        \               /         \
                                              this book
                                              /    \
         The       linguist       wrote     this   book
```

これによって、The linguist や this book がひとまとまり、すなわち構成素になっていて、さらに後者の上位に wrote this book という構成素がありそのまた上に文という単位があることが明示できる。

　構成素のつなぎ目（**ノード**（node））には構造表示をするとさらに役割がわかるだろう。例えば、上の文なら、以下のようになるだろう。

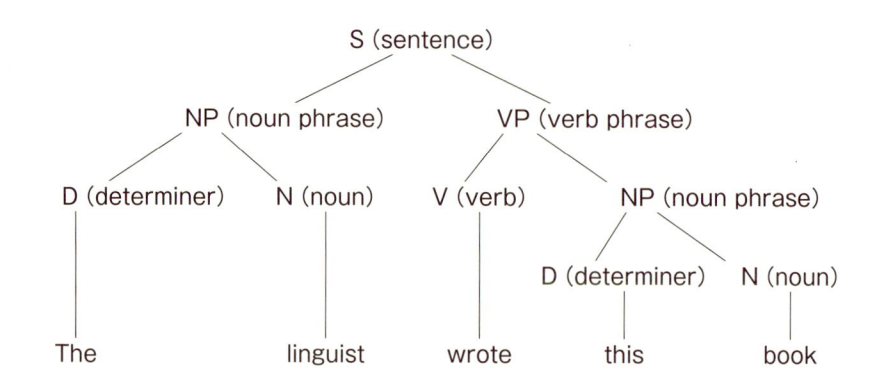

```
                    S (sentence)
                   /            \
         NP (noun phrase)     VP (verb phrase)
           /        \           /         \
    D (determiner) N (noun)  V (verb)   NP (noun phrase)
                                          /         \
                                  D (determiner)  N (noun)
         The       linguist       wrote    this        book
```

これによって、The linguist や this book がひとまとまり、すなわち構成素に

106

なっていて、さらに後者の上位に wrote this book という構成素があり、その
また上に文という単位があることが明示できる。
　また、

　My sister will read the letter to John.

のような文のあいまいさも表示することができる。すなわち、「ジョンに向
けた手紙を（1人で）読む」場合は

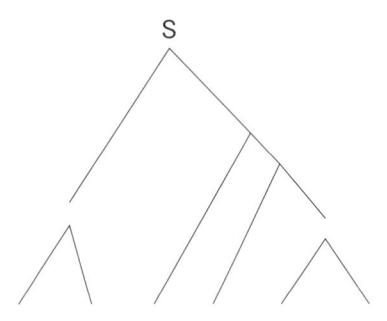

```
                    S
                   /|\
                  / | \
                 /  |  \
                /\  |  /\
My sister will read [the letter to John]
```

という構造であり、「その手紙をジョンに読む」という意味では、

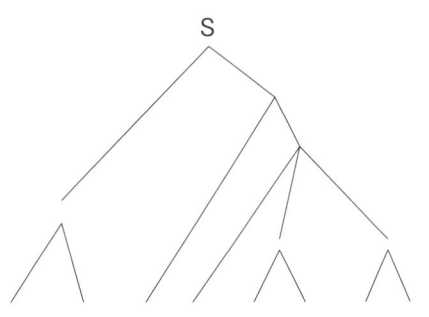

```
                    S
                   /|\
                  / | \
                 /  |\ \
                /\  |/\ \
My sister will read [the letter] to John
```

という構造になることも示せる（Plag *et al.* 2009）（前章参考文献参照）。

また、

   a. The dog ran up the stair.
   b. The dog ate up the bone.

のような一見似た文も、それぞれ

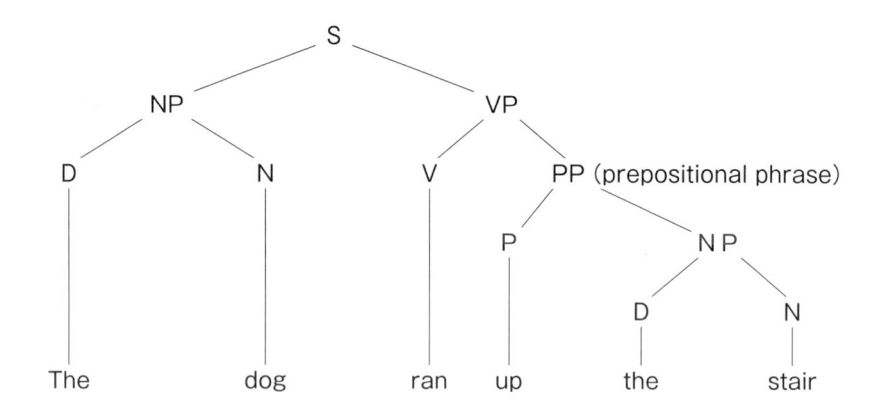

```
              S
         /        \
       NP           VP
      /  \        /     \
     D    N      V       PP (prepositional phrase)
     |    |      |      /    \
     |    |      |     P      NP
     |    |      |     |     /  \
     |    |      |     |    D    N
    The  dog    ran   up   the  stair
```

と

```
              S
         /         \
       NP            VP
      /  \        /       \
     D    N    VB (verbal)   NP
     |    |    /     \      /  \
     |    |   V    PRT      D    N
     |    |   |   (particle)|    |
    The  dog ate   up      the  bone
```

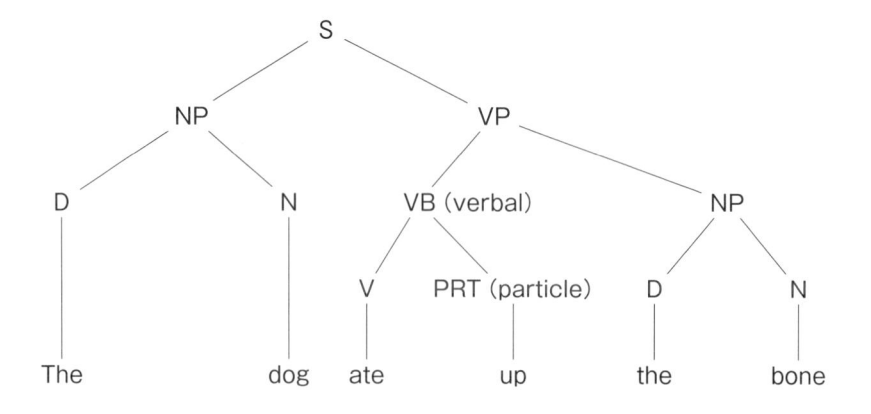

というように構造が違うことが示せる。これによって、a. は Up the stair ran

108

the dog. と倒置を起こせるのに、b. は *Up the bone ate the dog. と倒置を起こせないことが明示できる。a. の up the stair は1つのノードのもとに統率されているのに対し、b. の up the bone はそうではないということである。

　このような構造を英語話者が理解しているということは、妥当な前提だと思われるが、どのようにしてそれを身に付けているかを明らかにすることは難しいことであろう。第4章で見た生成文法や Pinker (2000) のように、生得的な立場に立つ考え方もあれば、同じく第4章で見た認知言語学の用法基盤モデル (usage-based model) や定式表現（決まり文句、イディオム）(formulaic expression) が言語の理解においても産出においても重要な働きをするとした Wray (2002) のように、慣用的なパターンに繰り返し触れることで身に付けていくという考え方もある。

　その論争はともかくとして、グローバル・コミュニケーションや外国語として英語を用いる状況を考えると、この定式性、イディオム性は問題となりうる。Seidlhofer and Widdowson (2009) の主張するように、非英語母語話者が内円圏英語のイディオムを使いこなせないことや理解できないことは英語母語話者とのコミュニケーションに支障をきたし得る。より一般的に英語学習という観点から言っても、文法にかなった文を発話することができるだけでなく、慣用にかなった定式的表現やイディオムを身に付けて使いこなすことは重要なことだ。I want to marry you. と My becoming your spouse is what I want. はともに文法的な文だし、その両方を産出することができる言語能力を母語話者が有しているのはたしかだが、後者を産出することがほとんどあり得ず、かつコミュニケーションに支障をきたしうるという認識は重要だ。そのコミュニケーション上の意味については、第12章でさらにくわしく扱うことにする。

7-3 ▶ 文法カテゴリー

　文法カテゴリーは語や表現の形式を選択する原理の分類である。多くの言

語にある程度共通して見られる文法的なカテゴリーがある。ある程度というのは、ある文法カテゴリーはある言語には選択がない（存在しない）ということがあるからである。例えば、中国語には時制がない、などということがある。

一般に多くの言語に見られる文法カテゴリーは、数（number）、性（gender）、格（case）、法／モダリティ（mood/modality）、アスペクト（相、aspect）、時制（tense）、人称（person）などである。注意しなければならないのはこれらのカテゴリーは重なっていたり関わりを持っていたりすることも多く、必ずしもはっきりとは区別できないということである。例えば、以下に述べるように、時制と相（アスペクト）は必ずしも明確に区別できない面もある。以下では、いくつかを取り上げて論じてみるが、それに先立って基本的な語のカテゴリーにも触れておこう。

7-3-1 語のカテゴリー

語のカテゴリーとしておそらく多くの人がすぐに思い浮かぶのは**品詞**（part of speech）であろう。品詞には言語固有のものがあり、日本語には「形容動詞」、「連体詞」などの品詞があるが、もちろん英語にはない。英語には一般に8品詞あると言われている。名詞（noun）、代名詞（pronoun）、動詞（verb）、形容詞（adjective）、副詞（adverb）、前置詞（preposition）、接続詞（conjunction）、間投詞（interjection）の8品詞だが、動詞に下位区分されるものとして（法）助動詞（auxiliary verb）があり、冠詞（article）、数詞（numeral）は形容詞に分類することがある。また、先の樹形図での分析でも用いたように、特に生成文法では**限定詞**（determiner）というカテゴリーも用いられる。冠詞、名詞を修飾する指示代名詞、所有格の人称代名詞、数量詞が文法的に類似した振る舞いをするため、それらを1つのカテゴリーにまとめているのである。

開いた類（open class）、**閉じた類**（closed class）という語の区分もある。開いた類は、名詞、動詞、形容詞、一部の副詞で、次々に新しい語が生み出

され、それゆえに数多くある**内容語**（content word）とも呼ばれる。一方、閉じた類は冠詞、接続詞、代名詞など、新しい語を容易に作り出すことはできず、また数は少なく文法的な役割を果たすので**機能語**（function word）とも呼ばれる。

7-3-2 時制

英語の時制は一般に過去・現在・未来の3つがあると考えられている。例えば、

He played baseball.
He plays baseball.
He will play baseball.

では、順に過去、現在、未来と考えられることが多いだろう。しかし、よく考えるとそう単純ではない。例えば、He plays baseball. は現在プレーしているかというと、必ずしもそうではなく、日常的にしているということを意味している（もちろん、今まさにしているなら He is playing baseball. だ）。また、will play は未来だとすると、will には過去形の would があるので、現在がないことになってしまう。加えて、

Boys will be boys.

のような will は、一般に習慣や習性を表すとされている用法で、未来とは言いがたい。

このように考えるなら、英語には過去時制と現在時制しかないと考えるのが妥当で、相（アスペクト）と法と組み合わさって過去、現在、未来のさまざまな「時」を表現しているということになる。

外円圏の英語では、時制を区別せず、現在・過去・未来を表すために、す

べて現在形を使ったり、過去完了と過去形の区別がなく、過去形を使うところもある（田中・田中 2012）。

7-3-3 法

法という概念は英語で言う mood にあてられる場合と modality にあてられる場合とがある。一般に、話し手が話す内容に対して取っている態度のことである。mood はどちらかと言うと文法的な概念であり、modality は意味的な概念である。

英語には、直説法、疑問法、命令法、仮定法などの法の分類があるが、これは mood である。また、can、may、must などの法助動詞（auxiliary verb）を用いて表される法がある。こちらは modality だが、mood と区別するために、最近では「モダリティ」と言うことも多い。ここでは、mood を法、modality をモダリティと言うことにしよう。

基本的な法としては、

(1) 直説法（Declarative）
Snow is white.
(2) 命令法（Imperative）
Leave the room!
(3) Yes/No 疑問法（Yes/No interrogative）
Snow is WHITE?
(4) Wh 疑問法（Wh-interrogative）
What time is it?
You saw WHAT?

(Akmajian *et al.* 2010)

がある。さらには、Leave the room, will you! などの付加命令法（Tag imperative）、What a nice day! のような感嘆法（Exclamative）などを加えるこ

ともある。

　付加疑問については、内円圏の英語では、主語、動詞に呼応した形が用いられるが、インド英語では、主語と動詞に関係なく、isn't it? や correct? が使われたりする（田中・田中 2012）。

　英語の法助動詞は、それぞれ**義務モダリティ**（deontic modality）と**認識モダリティ**（epistemic modality）とを表すことができる。「義務」ということばだが、can の「可能」や may の「許可」のように人の行動に関わる制御などを広く指す概念と考えると整合的に考えやすいだろう。

1a.　I can speak Spanish.（「できる」）
1b.　It can't be true.（「ありうる」（この場合は「ありえない」））
2a.　You may come in.（許可）
2b.　It may be true.（「かもしれない」）
3a.　You must do this.（義務）
3b.　It must be true.（「〜にちがいない」）

では、a. が義務的、b. が認識的である。

7-3-4 アスペクト（相）

　動詞の表す動作や状態の捉え方を表す文法カテゴリーを**アスペクト**と言う。英語には、時制と密接な関係にある完了のアスペクト（完了相）と進行のアスペクト（進行相）がある。

　完了のアスペクトは一般に「完了」、「継続」、「経験」などを表すが、この区別は使われる動詞のカテゴリーと密接な関係がある。英語には状態を表す状態動詞と動作を表す動作動詞があるが、状態動詞の場合、完了アスペクトは「継続」を意味しやすい。例えば、know は一般に状態動詞なので、

I have known him for five years.

は「ずっと知っていて、今も知っている」という意味になる。一方、動作動詞は、「完了」や「経験」の意味になりやすく、

How many people have played in Major League Baseball?

と言うと「何人がプレーしたか／したことがあるか」を意味し、今プレーしていない人も含む。

進行アスペクトは現時点で動作を行っている最中であることを意味するが、動作動詞を「継続」の意味で用いる場合には完了アスペクトと進行アスペクトを組み合わせて、

I have been playing baseball for five hours.

だと、「5時間ずっとプレーしていて、まだ今もしている」ことを意味する。

進行アスペクトは、一般に進行中である、一時的であることを意味するが[1]、以下のように行為を説明する進行形もある。

a. When he said that, he was smiling.
b. When he said that, he was lying.

a. においては、When 節の出来事と進行アスペクトで表されることが同時進行で起こっていることを表すが、b. の he was lying は he said that という行為がどういうことかを説明している。

日本語では、時制はなく、アスペクトのみがあると考えるのが一般的だ。「〜した」は過去時制と思われるかもしれないが、以下の例を見てみよう。

---

[1] 一般的な用法については、文法書などを参照のこと。

  a. 私は昨日風呂に入る前にビールを飲んだ。
  b. 明日は入った後で飲もう。

「風呂に入る」という行いは、a. では「昨日」、b. では「明日」であるにもかかわらず、「入る」＝現在・未来、「入った」＝過去ということではない。ある時点において、完了／未完了の区別というくらいに考えるのが妥当だろう[2]。
 語義そのものにアスペクト的要素があると考えることができる動詞もある。

 I persuaded him to come to the party.

における persuade は「説得する」だけでなく、実際に「彼がパーティーに来る」ところまで意味する。日本語の「説得する」とその点が異なっている。日本語であれば、「説得したけど来なかった／だめだった」は十分に正しい文だが、

 *I persuaded him to come to the party, but he didn't come.

は非文である。なぜなら、persuade は結果まで意味を含むので、後半部と矛盾してしまうからだ。persuade などのような結果まで含意するような動詞は動詞の語義そのものがアスペクトを持っていると言うことができそうだ。
 日本語でも、例えば、山道などを車で走っているとたまに見かける「落石注意」という標識は、アスペクトの点であいまい（二義的）である。つまり、「落石」は「落ちてくる石」とも取れるし、「落ちている石」とも取れる（どちらと取るかで注意する視線の方向が違うだろう）。
 世界の英語に目を向けると、アスペクトについての多様性が見られる。例えば、インド英語では状態動詞が進行形で使われることがあるという。I

2　よりくわしい議論は、日本語学の文献にあたること。

miss you. が I am missing you. とされたり、We have four daughters. が We are having four daughters. とされたりする。また、アフリカ系アメリカ英語などで、be 動詞の欠如と be を用いる場合との区別をするものがある。He here. は「彼は今ここにいる」を意味し、He be here. は慣習的にいることを意味する。

　日本語でも「知っている」、「持っている」など英語なら know、have といった状態動詞で表しそうな表現と、「歌っている」、「食べている」などの動作動詞との区別をつけづらいため、英語学習者が英語アスペクトの使用に困難をきたす可能性があるだろう。

7-3-5 数

　文法的な範疇としての数（かず）を判別する概念を数（すう）と言う。英語では単数、複数という区別があるが、日本語にはない。数の概念は、名詞の可算／不可算の別と密接に結び付いている。日本語の名詞では可算／不可算の別はなく、単数／複数の区別もないが、英語の場合はその両方がある。日本語のようにこれらの区別がない言語では、一般に数量詞（「〜本」、「〜軒」、「〜羽」など）が発達するという（井上1998）[3]。英語の可算名詞では、1（単数）と2以上（複数）を区別するわけだが、1（単数）、2（双数）、3以上（複数）という区別をする言語もある。

　数の概念は、3人称の単数が主語で現在時制の場合に動詞に s が付くなど、統語的な事象とも関わりがある。また不定冠詞 a（an）は単数の名詞に付き、可算名詞は単数形の場合、一般に無冠詞で使えないなど、冠詞の使用とも関わりがある。したがって、I like dogs. と言えばいわゆる犬好き、犬派ということだが、I like dog. と言えば、数えられない食肉としての犬好きということになる。また、furniture のように一見可算のように思われるものでも、英語では不可算ということもある。例えば、それに相当するドイツ語の Mö-

---

3　井上京子（1998）『もし「右」や「左」がなかったら——言語人類学への招待』大修館書店.

bel は単複同形で通常複数で用いられ、その元のフランス語の meubles は可算で通常複数で用いるようだ。

　数の扱いは、社会や生活の変化などに合わせて変わることがある。もともと不可算名詞だったものが可算名詞として複数形で使われる例は、近年まれではない。food や technology は多様であるというニュアンスを生み出すため、あるいは実際に多様となったために、foods、technologies というように使われたりする。ビールも注文するときに two beers、とか three beers などと言う。商業的な思惑、コミュニケーションのための利便、実際の多様化が社会で進んでいる表れであろう。興味深いのは、その一方で、かつては主として法律の文書で monies と複数形でも使われていた「お金」は、現在は単数形 money としてのみ使われる傾向が進んでいる。珍しい逆のケースである。

　インド英語では、不可算名詞にも -s を付けて複数形にすることがある。また、複数性を強調するときに、each and every を用いることが多いという。I have all my luggage here. を I have all my luggages here.、Many people came to India. を強調するのに Each and every people came to India. などと言ったりする（田中・田中 2012）。言うまでもなく each も every も単数に付く語である。

　また、インド諸語には冠詞がないため、インド英語においても使用されないか、または不要な箇所で使われることがある。He is the best player. が He is best player. となったり、I have urgent business. が I have an urgent business. となったりする（田中・田中 2012）。

　統語論は、生成文法のように理想化された話者の社会を想定せず、形式化、抽象化された側面を扱う考え方がある一方で、社会やコミュニケーションによって変容、適応を受けていく側面に着眼するアプローチもある。ともに意味があるが、本書では、特に後者にやや比重を置きながら論じてきた。グローバル・コミュニケーションを考えると、統語的な要素も決して普遍でも不変でもなく、常に変動していくものと考えるべきだろう。

☐ 参考文献 ☐

〈日本語〉

稲木昭子，堀田知子，沖田知子（2002）『新えいご・エイゴ・英語学』松柏社.

風間喜代三，上野善道，松村一登，町田健（2010）『言語学　第2版』東京大学出版会.

久野暲，高見健一（2004）『謎解きの英文法――冠詞と名詞』くろしお出版.

ジーン・エイチソン（著）田中春美他（訳）（1998）『入門言語学』金星堂.

田中春美，田中幸子（編）（2012）『World Englishes――世界の英語への招待』昭和堂.

マーク・ピーターセン（1988）『日本人の英語』岩波書店〔岩波新書〕.

〈英語〉

Akmajian, A., Demers, R. A., Farmer, A. K. and Hamish, R. M. (2010) *Linguistics: An Introduction to Language and Communication.* 6th ed. The MIT Press.

Börjars, K. and Burridge, K. (2001) *Introducing English Grammar.* Arnold.

Pinker, S. (2000) *Words and Rules.* Perennial

Quirk, R., Greenbaum, S., Leech, G. and Svartvik, J. (1985) *A Comprehensive Grammar of the English Langauge.* Longman.

Seidlhofer, B. and Widdowson, H. (2009) "Accommodation and the Idiom Principle in English as a Lingua Franca." In K. Murata and J. Jenkins, (eds.) *Global Englishes in Asian Contexts: Current and Future Debates.* Palgrave MacMillan.

Swan, M. (2005) *Practical English Usage.* 3rd ed. Oxford University Press.

Widdowson, H. G. (1996) *Linguistics.* Oxford University Press.

Wray, A. (2002) *Formulaic Language and the Lexicon.* Cambridge University Press.

― ■ 練習問題 ■ ―

1．次の文の樹形図を書いてみよう。

   Imagination means nothing without doing.

2．ある文において、ある語（句）を主語と認識できるための条件はどのようなものか考えてみよう。
3．次の文中の語すべてを開いた類、もしくは内容語と閉じた類、もしくは機能語に分けてみよう。

   If you want the rainbow, you gotta put up with the rain.

4．persuade のように結果まで含意する英語の動詞をほかに探してみよう。
5．可算／不可算の別について、ほかの言語を調べてみよう。

8. 英語の意味（意味論）

8-1 〉「意味」とは何か

　意味とは何かについては古くからさまざまな議論があり、さまざまな説がある。ここでは、Akmajian *et al.*（2010）（第6章参考文献参照）に沿って、そのいくつかを取り上げてみよう。

外延的意味説
　外延的意味（denotation）は語や言語表現が指すもので、大ざっぱに言って辞書的意味である。意味とはその表現が指す対象であるという見方である。**指示対象説**と言ってもよいだろう。2つの表現が同じものを指示するなら、それらは**同義**（synonymous）ということになる。単純には問題はなさそうだ。特に固有名詞にはうまくあてはまるし、

dog　＝　[犬の画像]

というような単純な図式は成り立ちそうである。しかしながら、ある表現に意味があると言うなら、すべての意味のある語には外延的意味、指示対象があることになるが、これは正しくない。想像上の生き物を指すことば（Pegasus）や empty（からっぽ）という語、the や and はこの世にその指示対象を

第8章　英語の意味（意味論）　121

持つわけではない。また、the morning star と the evening star と Venus は同じ星を指すが、後にも取り上げるように同じ意味とは言いがたい。

イメージ・概念説

　表現の意味とは、つまるところそのことばを聞いて（見て）心に描くものだという考えである。メンタルイメージ、概念と言う方がより精緻に考えることができるが、基本的には同じである[1]。Pegasus の外延的な指示対象は現実にはないかもしれないが、やはりこの語を知る者には聞いて心に描く考えやイメージ・概念が意味なのだということである。これも何となくそれでよさそうだが、あまりに漠然としていて、意味を規定することが困難であるし、そもそも、人によって、

dog ＝

というイメージの人もいれば、

dog ＝

という人もいるだろうし、「犬一般」というイメージや概念は考えにくい。さらに only、not、hello という語にイメージや概念があるとすることも困難である。

---

[1] Akmajian *et al.* (2010) では、"Mentalist Theories of Meaning"、"Meaning as Images"、"Meaning as Concepts" と区別している。

使用説

　これは哲学者ヴィトゲンシュタイン（Ludwig Wittgenstein 1889-1951）の主張にもとづく考えで、意味とはその言語コミュニティでの使用だというものである。この考え方によれば、table の意味だけではなく、Pegasus やさらには hello の意味も規定しやすく、前2つの説の難点は克服できそうである。その語の意味を知っているということはその語を使えるということで、逆にその語を使えるということはその語の意味を知っているということになる。これは、直観的にも妥当であるように思われるし、理論的にも前の2つの説より優れているようにも思われる。ただし、哲学者の優れたアイディアも言語学的に規定しようとするとなかなか難しい面も明らかになる。もし「使えているということは意味を知っていることであり、それが意味だ」というスローガンで終えてしまうなら、結局のところ優れた切り口を得られただけで、さて、ではその意味とは？　使用のどの側面？　と問いたくなる。つまり、何も説明していないということになりかねない話で、そこから先は言語学の課題だ。

8-2 〉「意味」の種類

　おおよそ「意味する」を意味する英語の mean の2つの用法を見てみよう（Akmajian *et al.* 2010）。

　a. *Procrastinate* means "to put off doing something."
　b. In saying "It's getting late," she meant that we should leave.

a. はことばの意味のことを言っており、**言語的な意味**（linguistic meaning）と呼ぶことができる。b. はメッセージとして話者が意図した意味で、**話者の意味**（speaker's meaning）と呼ぼう。前者は意味論の領域にある意味で、後者は次章の語用論の領域にある意味だ。意味論と語用論の境界がどこにある

かは議論もありうるが、ここでは主として言語的な意味を扱う。

8-2-1 意味関係

一般的に言って、語の意味するもの（ソシュール流に言えばシニフィアン）と意味されるもの（シニフィエ）の関係は、頭の中にしろ、辞書の中にしろ、バラバラに存在しているわけではなく、何らかのネットワークを築きながら存在していると考えられる。ただし、語と語の意味との関係は、一対一であるとは限らない。むしろ、一対多、多対一の関係にあるのが普通である。前者の場合はいわゆる**多義**（polysemy）であり、後者の場合は**同義**（類義、synonymy）であることになる。

意味関係は大きく次の３つに分類することができる。

(1) **同義性**：２つ以上の表現が同一の意味を持つ
(2) **多義性**：１つの表現が２つ以上の意味を持つ
(3) **包摂性（上位語・下位語）**：１つの意味がほかの意味に包摂される

以下、それぞれについて少しくわしく見ていこう。

8-2-2 同義性

少し考えてみるとわかるが、完全に同じ意味の語は存在しにくいはずだ。なぜなら、完全に同じならどちらかが不要なはずで、いらなくなってもおかしくないからである。もし、まったく同じ文脈で交換可能な２語が存在するならば、それらは完全な同義語（synonym）と言えるだろう。しかし、普通は厳密な意味での同義語は存在せず、何らかの違いがあるものだ。したがって、存在するのは近似同義語（near synonym）だけである。

同義語は、先の意味の外延的意味説で見たように、指示対象（referent）が同じということではない。the morning star「明けの明星」と the evening star「宵の明星」は、どちらも Venus「金星」が指示対象だが、「意味」が同

じとは言えない。

My people used **the morning star** as a guide light in the early mornings of the winter hours.

を

My people used **the evening star** as a guide light in the early mornings of the winter hours.

に置き換えるわけにはいかないのである。
　また、

1a.　I did a good job.
1b.　*I did a good occupation.
2a.　I tried sushi today.
2b.　*I attempted sushi today.

のそれぞれbがおかしな文になっているように、job/occupation、try/attempt がそれぞれ同義に見えても、特定の**コロケーション**や場面や**スタイル**（文体、formal か informal かなど）でしか用いられなかったりすることが多い。これらの語は異なった**レジスター**（言語使用域）にある。

8-2-3　多義性

　形のうえで同じ1つの語が複数の意味を持つという場合は、主に2通りある。1つは、もとは別の語だったものが時を経て語形が変化し同じ形になった場合で、これを同音異義（homonymy）と呼び、もう1つは、1つの語が複数の意味を持つようになる場合で、多義（polysemy）と呼ぶ。語源や意味

としての関連性、意味拡張の変遷などによって判断される。偶然とは考えられない類似があった場合、関連性が高い場合には多義語とされるが、bankの「銀行」と「土手」のように、実は歴史的にはつながりのある語でも、あまりに意味がかけ離れていると同音異義とされるものもある。この区別が日常の言語使用にどれくらい意味があるかは判断が難しいところもあるが、少なくとも辞書の表記においては、同音異義語はtear^1、tear^{2}のように、多義語は1つの項目の中で1...、2...のように意味が列挙される。そのように見れば、自然言語の多くの語は多義であり、辞書を見れば複数の項目があるのが普通である。これはことばの意味拡張の原理が、メタファー、メトニミーなどの人間の認知のあり方に根ざしているからと考えられるが、それについては後述しよう。

同音異義語の例としては、

One **swallow** does not make a summer.
（ツバメが1羽来たからといって夏にはならない）

By **swallowing** evil words unsaid, no one has ever harmed his stomach.
(Winston Churchill)
（悪いことばも言わずに飲み込んでおけば、誰の胃も痛まない）
（ウィンストン・チャーチル）

におけるswallowの「ツバメ」と「飲み込む」のようにまったく関連性を見出せないものがそれにあたる。語源としても「ツバメ」の方は古英語の*swealwe*だし、「飲み込む」は古英語の*swelgan*である。

多義語としては、

  interest (1) 関心、興味
      (2) 利害関係

　　　　(3) 利子

のように、別々とも言えそうだが、もとは同じ意味の派生であったり、意味的な関連を何となく理解できそうであったりということで、多義語と見なされる（辞書の項目としては、(3)は(2)の意味拡張として記述されるのが普通である）。
　また、意味の拡張がよりゆるやかで、関連性が感覚的に理解できるものもある。例えば、次の例文の see の意味を考えてみよう。

a. I see a beautiful rainbow over there.
b. I'll see you there.
c. I see a lot of progress there.
d. I see the point of the background there.

それぞれを日本語に置き換えながら意味を考えると、a. は物理的に「見える」ことを意味し、b. は「会う」、ただ「見る」だけではなく、人との関係やコミュニケーションの行為のことを言っている。自分だけではなく、相手も自分を「see する」ことが必要である。c. は抽象的なものを見るという意味で、判断のことを言っている。d. は c. と近いが文脈によっては「理解する」ということだろう。これらを多義語として、つまり、まったく無関係なものとして、別々の単語、see^1、see^2、see^3、see^4 として辞書が記述するのは、直観的に無理があるのではなかろうか。
　このような事象を説明するのは認知言語学の得意とするところで、この場合で言えば、

SEEING IS KNOWING

というような基本となる概念メタファー（conceptual metaphor）がわれわれ

の認知構造にあり（(Sweetser 1990)であればKNOWING IS SEEING)、それをもととしてメタファー的に意味が拡張されていると考える。「会う」ことは「見る」ことを前提したり、結果としてもたらしたりし、抽象的なことを「見る」ことは具体的なことを「見る」ことの拡張と考えて自然だし、「見る」ことによって「理解する」ということも同様である（見ないでわかったふりをしてはいけない！）。

文のあいまい性

多義語や同音異義語は文脈によって2通りの解釈が可能になってしまうが、そのような意味の二義性を**あいまい性**（ambiguity）と言う。二義であることは何を指しているかわからない**不明確性**（vagueness）とは異なり、それぞれに意味は明確である。このようなあいまい性は、文のレベルで論じられることも多い。これを構文上のあいまい性（constructional ambiguity）と言うこともある。例えば、チョムスキーが提示したことで知られる、

Flying planes can be dangerous.

は、構造的にあいまいである。1つはFlyingが現在分詞でplanesを修飾する「飛んでいる飛行機」という意味であり、今1つは「飛行機を飛ばすこと」という動名詞句という意味である。生成文法では、表面的には同じでも異なった解釈ができるということは根底に異なった構造があるという証左であるとして、このあいまい文はアメリカ構造主義言語学批判に用いられた（第4章参照のこと）。

反義語

反義性（antonymy）、反義語（antonym）と言えば、単純に意味が「反対」であることと思うかもしれない。しかし、意味が反対であるということには、いくつかの違ったタイプがある。

(1) 段階のある反義語：
　　例）small—large/big、rich—poor、good—bad、old—young

2項間には明確な境界線はなく、さまざまな程度があり、比較級、最上級に活用することができる。興味深いことに、どちらかが中立的な語として用いられることがある。例えば、身長などの高さをたずねるときには "How tall ...?" と言い、年齢をたずねるときには "How old ...?" と言う。それぞれ、tall、old は中立的な語として用いられている。"How short ...?" とか "How young ...?" とたずねれば、それぞれ、「低い（短い）」、「若い」ということがすでに話題になっており、「いったいどれくらい若い／短いのか」と低さ、若さの程度をたずねる疑問になる。

(2) 相補的な反義語：
　　例）present—absent、male—female、man—woman、father—mother、right—left

基本的に一方の否定はもう一方になり、その意味の領域を二分する。2項間の意味の境界線は明瞭で、例えば、「親」のことであれば、father でなければ mother、mother でなければ father ということが一義的に決まる。男女も社会的には中性的に生きることを実践している人もいるかもしれないが、生物学的にはどちらかである。

(3) 方向性の反義語：
　　例）buy—sell、lend—borrow、above—below、go—come

1つの行為や様態をそれぞれ別の側から見た反義語であり、移動の方向性が反対ということに関係しているものである。go—come の対であれば go は話者のいる場所から別の場所への移動であり、come は話者のいる場所に向

けての移動である（第9章参照のこと）。buy—sell であれば、buy という行為は「買い手」から見た行為で、同じ行為が「売り手」から見ると sell という行為ということになる。

　これら反義語に共通して言えることは、反義語の対はある共通した意味を基盤として持っている語同士であるということだ。例えば、

father	mother
parent	

big	small
大きさ	

というように共通の意味特性を持っている。その意味で反義語は一種の同義語だという言い方もできるだろう。sad と beautiful はまったく異なった概念を表しているが、反義語とは呼べない。sad は感情を表す領域の語であり、beautiful は事物の様態を表す領域の語なので、共通の基盤、共通の意味特性がないのである。

　上位語・下位語

　上の例でも見たように、father は parent の一種であり、mother も同様である。つまり、parent は father と mother の意味の共通基盤でもあるが、さらに言えば、上位概念であり、逆に father と mother は parent の下位概念である。このような上位／下位の概念を hyponymy と言い、上位語は superordinate、下位語は hyponym と言う。

```
        parent
        ↙    ↘
    father    mother
```

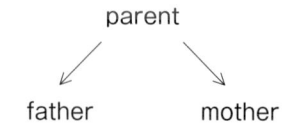

また、このような階層関係から、father と mother は共下位語 (co-hyponym)

の関係にあると言う。

　上位語は下位語に対して意味的には包摂する関係にある。したがって、I talked to my father. は I talked to my parent. に置き換え可能だが、逆は必ずしも言えない。I talked to my mother. の可能性もあるからである。

　また、上位語に対する下位語の数は2つとは限らない。例えば、animal を上位語とする共下位語には dog、cat、rabbit、wombat など多数ある。興味深いことに、下位語は存在しても、上位語が存在しない場合もある。father と mother は上位語は parent であるが、uncle と aunt に対応する上位語は英語には存在しない。brother と sister に対応する上位語は、日常的なことばとしてはない（ただし、フォーマルなことばで sibling という語が使われることがある）。

　上位語と下位語の関係は、dog の下位語に Maltese、Golden Retriever、Jack Russell Terrier など多数あるように、何層もの階層を持つ構造となっているものもある。このような階層構造を**タクソノミー**（taxonomy）と呼ぶ。

メタファー、メトニミー、シネクドキー

　メタファーが認知言語学の理論的枠組みの根幹を成す現象であることは第4章で述べた。メタファーはたんなる文学的虚飾ではなく、人間のさまざまな認知のあり方がメタファー的にできているということであった。先の多義性のところで見た意味拡張や第4章の認知言語学のところで見たメタファーの広がりはその1つの表れであろう。ここでは、語や文の意味として**メタファー**（metaphor）や関連する**メトニミー**（metonymy）、**シネクドキー**（synecdoche）という概念について見てみよう。

　簡潔に言ってしまえば、**メタファー**は類似性、**メトニミー**は近接性、**シネクドキー**は包摂性にそれぞれもとづく言語表現である。

　「白雪姫（Snow White）」は「雪のように白くて美しい姫」ということで、「姫」と「白雪」は類似性の関係である。すなわち、メタファー的命名である。

　「赤ずきんちゃん（Little Red Riding-Hood）」は「赤ずきんをいつもかぶっ

ている女の子」ということで、決して「赤ずきんのように赤い女の子」でもなければ、「赤ずきんのような顔をした女の子」でもない。「女の子」と「赤ずきん」は近接性、隣接性の関係にある。すなわち、こちらはメトニミー的命名である。

　(やや強引だが)「花咲か爺さん」の「花」は「桜の花」を意味しているが、それはシネクドキーである。「花見に行く」という場合の「花」も同様に「桜」である。包摂性（上位語・下位語）のところで見たように、この2つの語は本来上位語・下位語の関係にあるのだが、上位語である「花」が特定の1つの下位語である「桜」を意味している。

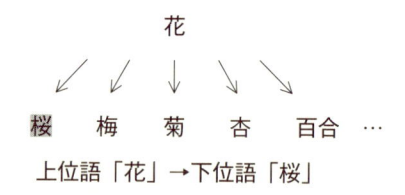

花
↙ ↙ ↓ ↘ ↘
桜　梅　菊　杏　百合　…
上位語「花」→下位語「桜」

　一方、日本語での「酒を飲みに行く」と言う場合の「酒」はアルコール飲料全般を指しており、特に特定の「酒」を指しているわけではない。「お酒を飲みに行こう」と誘われて、「いや僕はビールを飲むから行かない」ということはない。その場合の「酒」は総称（上位語）として言っているので、「ビール」は通常そこに含まれる。一方、飲み屋で「お酒ちょうだい」と言えば、その酒は一般には「清酒」を指している。つまり、「酒」は上位語でもあり、下位語でもある。

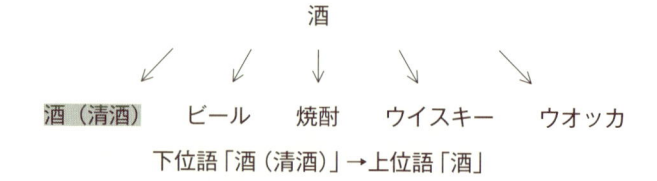

酒
↙ ↙ ↓ ↘ ↘
酒（清酒）　ビール　焼酎　ウイスキー　ウオッカ
下位語「酒（清酒）」→上位語「酒」

　ちなみに、「日本酒」という語ができたのは、ウイスキーなどの「洋酒」が日本に入ってきてからである。また、九州地方などでは「酒」と言えば、「焼酎」

を指すという。

　英語では、酒の総称としては alcoholic beverage（アルコール飲料）のような味気ないことばしかない。また、「酒を飲む」ことを drink 1 語の動詞で表すのが一般的である[2]。

　また、シネクドキーは「働き手」という日本語の表現や英語で同様に言う I've got three *hands* here to help. の hands のように、働く人の一部である「手」で「働く人」全体を表すというように、部分—全体の関係にある包摂関係を含める[3]。

　以上、メタファー、メトニミー、シネクドキーについて、それぞれの例をあげながら見てきた。これらの区別は概念としては明確だが、実際には区別するのが困難なものもある。例えば、「シンデレラ」は英語で言えば cinder（灰、燃え殻）に関わる名で、「灰かぶり姫」という訳語もあるが、「灰や燃え殻のような女の子」とも言えなくもないし、「灰をかぶった女の子」とも言えなくもない。

コミュニケーションにおけるメタファー、メトニミー、シネクドキー

　実際のコミュニケーションの中でメタファー、メトニミー、シネクドキーを用いることも当然ながらしばしばある。見方によっては、それだらけだ（というのが認知言語学の主張でもある）。

　例えば（以下の例は主として Akmajian *et al.* 2010 から）、

1. He punted the idea away.
2. Kim is a block of ice.

---

[2] 野球の「四球」「フォアボール」を walk という動詞、もしくはその動詞派生の名詞 walk で表すのに少し似ている。
[3] ところで「打つ手がない」と言ったときの「手」はどのような意味の拡張だろう。おそらく将棋やチェスなどの「手」がもとと思われるが、それも手を使ってコマなどを動かすという隣接性にもとづいていると考えられる。

の 1. はラグビーやフットボールの「パント（落としたボールを地面につく前に蹴ること）」の類似性から（away の意味も加わり）「そのアイディアをはねのける→完全に拒絶する」ということを意味し、2. は ice の冷たさという意味での類似性から「冷たく無反応」という意味になる。

また、

3. The White House denounced the agreement.
4. I have read all of Chomsky.

の 3. においては「ホワイトハウス」という建物が、そこにいてその機能を担う人（大統領やその周辺の人たち）を指し、4. においては、チョムスキーその人ではなく、チョムスキーの著作を読むことを意味する。近接性、隣接性にもとづくメトニミーの用法である。

また、先にあげたように

5. I've got three *hands* here to help.

の「手」が「働く人」を表す例や

6. Look in the paper and what's on the *tube*.

の *tube*（ブラウン管）がテレビ全体を表すシネクドキーもよく用いられる。

7. Man shall not live by *bread* alone.

は「人はパンによってのみ生きるにあらず」という有名な新約聖書のマタイ伝の一節だが、これも bread という食べ物の一種で、かつ主食が食べ物全体を表している（あるいは、食べ物が上位語、パンはその下位語で、下位語が

より上位の総称になっている）。

　これらの表現形態は、つまるところ事物のどこに着眼したいか、どこに焦点を当てたいか、何が特徴的かということによるのだろう。「白雪姫」にもさまざまな特性があるに違いないし、「赤ずきんちゃん」もずきん以外の衣服も身に付けているに違いないのだ。

　例えば、イベント・メトニミー（event metonymy）と呼ばれる事象がある。

　He goes to school by bus.

と言ったとき、バス以外の、例えばバス停まで歩くとか降りてからも少しは歩くといったことは無視して、通学の最も特徴的で最も焦点を置きたいところだけに言及しているのである。

成分分析

　意味の成り立ちを考えるときに、その意味特性を分解（lexical decomposition）して考えることができるものがある。例えば、man、woman、boy、girl を分解して考えてみると、みな「人」という意味特性は共有しているが、「男か女か」、「大人か子どもか」という点で異なっている。これらを3つの意味特性（この考え方によれば「意味成分」と言うべきだろう）［±HUMAN］［±MALE］［±ADULT］として記述することができる。＋であればその成分を持ち、－であれば、その成分を持たないか、反対の値を持つということになる。したがって、

　man＝［＋HUMAN］［＋MALE］［＋ADULT］
　woman＝［＋HUMAN］［－MALE］［＋ADULT］
　boy＝［＋HUMAN］［＋MALE］［－ADULT］
　girl＝［＋HUMAN］［－MALE］［－ADULT］

のように記述できる。このような記述の仕方を**成分分析**（componential analysis）と言う。

　成分分析は、同義語やそのほかの意味をより明確に記述したり、文化人類学では親族名称の記述に用いられたりした。例えば、英語の uncle、aunt と異なり、日本語の「オジ」、「オバ」は「伯父」・「伯母」、「叔父」・「叔母」と書き分けるが、これらは前者が「親よりも年上」、後者が「親よりも年下」という意味成分を持っていることを記述することが可能になる。

　しかし、成分分析にも問題があることはある。例えば、この分析ができる意味分野は非常に限られているし（できないものも多い）、man が広く用いられるのに対して、woman という語はそれが持っている性的意味合いのために＋－という対照を成さない場合があったりする（lady によって置き換えられたりする）。girl と boy の年齢の使用範囲も同じとは言えない。

英語の変種における問題

　英語の変種によっては、発音の違いのために本来はそうではない 2 つの語が同音異義語になってしまうことがある。シンガポール、マレーシアの英語では

　　theme/team
　　then/den
　　thin/tin

はそれぞれ区別がなくなる（Y. Kachru and Smith 2008）（第 6 章参考文献参照）。

　日本のカタカナ語でももとの英語では長母音と二重母音の区別があったものが、その区別がされないので同じことばになってしまうものがある。とうもろこしの「コーン」とアイスクリームコーンの「コーン」は corn と cone で発音も異なっており、ポーズをとるときの「ポーズ」と一時停止の「ポー

ズ」も pose と pause で発音が異なっている。この区別は（原語に忠実ではないにしろ）することができるが、日本ではなぜか「コウン」、「ポウズ」と表記しないことになっている[4]。子音においても、right と light は区別できないのでどちらも「ライト」である。「右」と「光」は日本のカタカナ語では同音異義語ということになる。

---

4 日本の英語教育のことを考えれば、この区別はすべきである。

□ 参考文献 □

〈日本語〉

池上嘉彦（1978）『意味の世界』日本放送出版協会.

池上嘉彦（1996）『英語の意味』大修館書店.

池上嘉彦（2006）『英語の感覚・日本語の感覚 〈ことばの意味〉のしくみ』日本放送出版協会.

風間喜代三, 上野善道, 松村一登, 町田健（2010）『言語学 第2版』東京大学出版会.

佐久間淳一, 町田健, 加藤重広（2004）『言語学入門——これから始める人のための入門書』研究社.

〈英語〉

Hofmann, T. R. (1993) *Realms of Meaning: An Introduction to Semantics.* Longman.

Lakoff, G. and Johnson, M. [1980 1st ed.] (2003) *Metaphors We Live By.* University of Chicago Press.

Lyons, J. (1977) *Semantics.* Cambridge University Press.

Sweetster, E. (1990) *From Etymology to Pragmatics: Metaphorical and Cultural Aspects of Semantic Structure.* Cambridge University Press.

Wierzbicka, A. (1996) *Semantics: Primes and Universals.* Oxford University Press.

■ **練習問題** ■

1. 言語の意味の「使用説」の使用についてはどのような記述が可能だろうか、考えてみよう。
2. love の反義語を考え、成分分析してみよう。
3. シネクドキーの例を探してみよう。
4. Thesaurus（類語辞典）や英英辞典で challenge という語を引き、どのような同義語があるか見てみよう。
5. bachelor と spinster の意味の関係を考えてみよう。

9. 指示の語用論

　前章までは、英語の歴史的変遷、そしてグローバル化、言語学の理論的展開を論じた後は、英語のさまざまな側面、特にいわば内部の構造を見てきた。音声、接辞、文法、意味は、英語、言語を考えるうえで、欠かすことのできない事象だ。さて、ここからはその言語をどのように用いているか、すなわちコミュニケーションという視点から言語と英語を見ていこう。一般的な概論書ではそのような事象はどちらかと言うと補足的で応用的なことがらとして論じられることが多いが、本書のようにグローバル・コミュニケーションという視点に立てば、むしろこれらは中心的なトピックである。

　言語学、英語学の分野の中で、どのように言語が用いられるかを論じる分野を**語用論**（pragmatics）と呼ぶ。語用論にもいくつかの分野があるが、本章では、まず言語の内的事象とコミュニケーション事象の橋渡し的な位置付けのできる、**ダイクシス**と呼ばれる諸事象を中心に取り上げよう。ダイクシスとは、「直示（表現）」とも呼ばれ、指示代名詞に代表されるように、話し手の位置、そして話し手と聞き手の位置関係が関わる事象である。一見、単純な物理的環境との関わりだけが問題と思われるかもしれないが、その転用と思われるさまざまな心理的、社会的側面を多く持つ。この後のコミュニケーション、社会との関わりにつながる議論としても重要なトピックである。

9-1 〉ダイクシスとは

　言語は抽象的なことがらを描写することもできるが、当然ながら実際にコ

ミュニケーションの場にあって、その環境や状況に関わることがらについても用いることができる。実際の使用場面が想定されなければ理解が十分にされないという言語の側面もあるが、その使用例の1つは**指示代名詞**（demonstrative pronouns）である。this や that と言われても、現実の場面で何を指しているかがわからなければコミュニケーションが成り立たないのが普通である。指示代名詞のようにことば以外の現実の事物を指す要素を**ダイクシス**（deixis、**直示（表現）**とも言う）と言う。

典型的にはダイクシスは空間を指示する**空間のダイクシス**（spatial deixis）がよく論じられるが、**人称代名詞**（personal pronouns）や**時制**（tense）も発話の現実の場面を参照しなければ、その指すところがわからないダイクシスである。前者は**人称のダイクシス**（personal deixis）、後者は**時間のダイクシス**（temporal deixis）と呼ばれることがある。

海岸に流れ着いたビンに次のような手紙が入っていたとしよう。

If you read this, come to my office with that thing tomorrow.

このメモにある表現にもいくつかのダイクシスを含む要素がある。このメモを見た人の視点で言えば、"you" は自分のことと理解することができなくもない。また "this" はそのメモ書きのことを指していると理解できる。しかしながら、"my"、"that"、"tomorrow" については、「私」とは誰のことなのか、「あれ」とは何のことなのか、「明日」と言われてもいつから見た翌日なのか

はわからない。

このような要素は抽象的な記号の体系にも見える言語と外部世界との、いわば接点にある。以下では、特に空間のダイクシスに焦点をあてて、ダイクシスの諸側面のいくつかを論じてみよう。

9-1-1 日本語と英語のダイクシス

空間のダイクシスで言えば、日本語は「コ」、「ソ」、「ア」の3分法であり、英語は "this" と "that" の2分法である[1]。一般に近いものを指すと考えられる「コ」や "this/these" は**近称**（proximal）、遠くのものを指すと考えられる「ア」や "that/those" は**遠称**（distal）、日本語の「ソ」は**中称**（medial）と呼ぶ。

ダイクシスが関わる動詞（**直示動詞**、deictic verbs）も英語、日本語ともにある。"come" および "bring" と "go" および "take"、「クル」と「イク」はともに基本的には話し手を中心とした移動を表す使い分けがなされている。一般に、**ダイクシス（直示）の中心**（deictic center）は話し手の領域であることが多い。話し手の領域への移動は come/bring、話し手がいないところへの移動は go/take で表す。話し手のいる領域は場所副詞では "here" と「ここ」、それ以外の領域は "there" と「（あ）そこ」で表しうるので、

1a. come here
1b. *come there
2a. ここに来る
2b. ?あそこに来る
3a. *go here

---

[1] 「コ」、「ソ」、「ア」に対応するものと考えて、日本語話者は英語も "this"、"it"、"that" の3分法と考えたくなるかもしれないが、"it" は人称代名詞なので、一般に指示代名詞とは異なっている。人称代名詞は、すでに話題に出てきたもの、すなわち先行する発話の中でのある名詞を指すのが基本的な機能である。

3b. go there
4a. ?ここに行く
4b. あそこに行く

ということになる。この制約は日本語の方がゆるいようにも思われるが、英語でも、地図上の1点を指して "Go here"、「ここに行け」と言うことはありうる。移動自体は仮想のものだが、到達点は地図上ながら物理的空間を指示できるからであろう。

　日本語と英語の直示動詞の使い方の違いは、相手のいる場所への移動の場合、英語では "come" を用いることだ。

5. I will come to your office.

"your office"、すなわち聞き手の地点をダイクシスの中心に据えた表現として慣習化されているが、これは基本的にはポライトネス的な配慮と考えられる（第11章参照）。

6. ??I will go to your office.

だと、聞き手のオフィスをたんなる行き先として、対人的な配慮を欠いているような意味にとられかねない。日本語ではこのような使い分けは一般にはしない（「君のオフィスに来るよ」とはあまり言わない)[2]。

9-1-2 話し手／聞き手の領域を表すダイクシス

このように、一般には距離によって使い分けられると考えられるが、実際

---

2 日本でも九州の方言の多くは英語の使い分けと一致すると言われている。

にはもう少し複雑だ。距離の用法が基本義であるとしても、実際に多用されるのは、英語で言えば、自分の領域のことを指すのに this、相手の領域のことを指すのに that を用いる使い方である。例えば、相手が持っているものを指して言う場合には、

 7. What is *that*?
 8. Where did you get *that* idea?

と言うのが普通である。この場合、日本語なら「ソ」系であろう。

 9. それ何？
 10. そんなこと言うなよ。

9. の「それ」も 10. の「そんなこと」も相手が持っているもの、相手の発言を指している。
 空間のダイクシスは、空間にあるものや談話内のもの（話題になっているもの）を話し手、聞き手に関わるどの領域にあるかを切り分け、表現しているという面もある。
 基本的な図式としては、話し手（S）と聞き手（H）の境界を設けて、

 11a.   this | that
       S | H

と考えるか、

11b.
```
┌─────────┐
│ this / コ │
│  S   H  │
└─────────┘
```

というように話し手と聞き手を同じ領域に含めるか、である。自分の領域のものを指すのに "this" を用い、7.、8. のように相手の領域のものを指すのに "that" を用いるのは a. の図式にもとづいている。一方、話し手と聞き手が同じ領域に立って b. を想定し、両者にとって近く、自分たちの領域にあるものと考えられるものを指して "this" を用いたり、

12. That famous actress ...
　　（あの有名な……）

の "that" や「あの」のように、同様に 13. の図式を想定して、話し手と聞き手は同じ領域に立ち、「あなたも私も知っているあの……」というように両者の共有の知識に言及するということもある。

13.　　　　　　　　　that
```
     ┌─────────┐
     │  S   H  │
     └─────────┘
```

日本語の場合、3分法なので少し異なっており、

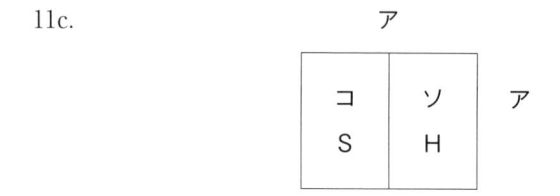

11c.　　　　　　　ア
```
     ┌────┬────┐
     │ コ │ ソ │  ア
     │ S  │ H  │
     └────┴────┘
```

というように相手の領域を指すのはソ系である。

つまり、物理的要因（近い／遠い）よりも対人的、心理的要因の方が強く働くように思われる事例もある。例えば、人が差し出したものが気に入らなければ、いかに物理的には自分に近くとも 7. What is that? のように遠称を用いることがある。心理的に自分の領域に入れないで、相手の領域にあると言っていることになる。

そのほかの用例を加えて整理すれば、英語の this/that には次のような対立がありうるということになろう。

this	*that*
近	遠
自分の領域	相手の領域
自分と聞き手の領域	自分と聞き手以外の領域
現在（近く）	過去
例）*these days*、*this time*	例）*those days*、*at that time*

現在と過去という対立においても、現在は手の届く自分（と聞き手）の領域であり、過去はもう手の届かない領域という対立と捉えることもできる。

9-1-3 感情のダイクシス

指示代名詞は感情的なニュアンスが付加されることがある。以下にその that の事例を 1 つ見てみよう[3]。

14.　A：How's that throat?

　　　B：{*That/This} throat's better, thanks.

A は聞き手である B の疾患についてたずね、B は A の "that" に対して 1 人

3　Lakoff, R. (1974) "Remarks on this and that," *Chicago Linguistic Society*, 10. pp. 316-332.

称的な "this" で答えている。Lakoff (1974) によればこの "that" は話し手が非近接表現を用いることによって自分の立場から離れて、相手の情況に入り込んでいることを表し、それによって話し手は聞き手に対する親愛の情を表すことになるという。例えば、A の代わりに How's *your* throat? と言えば、話し手はその疾患は自分のものではないということを表明してしまい、聞き手に対して距離を置くことになる。この that と this のやりとりは「相手の領域／自分の領域」という対立でもあるが、ここで問題なのは、that と your の対立であり、誰のものかという所有の関係よりも感情を付与できるのだろう。

指示詞がなぜ感情的な意味合いを持つかは非常に難しい問題であるが、次の例で考えてみよう。

He kissed her with {this/an/*the} unbelievable passion.

Lakoff (1974) によれば、"this" を用いると発話に躍動感を与えると言うが、冠詞で言うと不定冠詞しか許されないところで this が用いられるということに着眼すべきであろう。普通、定冠詞が起こらず不定冠詞が起こるところと言えば、本来的には指示的な要素を受け付けない語環境であるはずだ。このような位置に置かれた指示代名詞はいわば余剰の部分であり、命題の中心以外の部分である。14. の例でも your を用いれば、指示詞の力を借りずとも、どの throat かは同定できるのである。情報上余剰であるということがダイクシスに新たな役割を与え、感情的な表現になっているのではなかろうか。

9-2 ▶ ダイクシスと「人」

すでに述べてきたように近接表現、近称は話し手の領域にあるもの、非近接表現は、聞き手、または聞き手を含めたそれ以外のもの、日本語の中称は聞き手の領域にあるもの、遠称は話し手と聞き手の領域外にあるものを指示

する。しかし、注意しなければならないのは、話し手や聞き手などの「人」の領域を指示するのであって、「人」そのものを指示するのは比較的特殊な用法であるということだ。Quirk *et al.*（1985）によると、

15a. ?Is she going to marry *that*?
15b. Is she going to marry *that man*?

のうち、15b. の方が適切である。指示代名詞は単独で人を指すと侮辱的になるからである。同様の問題を Halliday and Hasan（1976）もあげている。それによれば、

16a. Ask *that man*.
16b. ?Ask *that*.
17a. Ask *those men*.
17b. Ask *those*.

15 と同様に 16b. は適切ではない。指示代名詞は単独で用いると失礼なニュアンスが生まれる。しかし、17b. になると、問題なく使える。なぜだろうか。人称代名詞にしてみるとはっきりする。

16a′. *that man* → him
16b′. *that* → it
17a′. *those men* → them
17b′. *those* → them

でわかるように、that は単独で用いると人称代名詞では it に置き換えられる。つまり、「人」ではなく「もの」扱いということなのである。興味深いのは 17. のように、複数形になると人間の場合も人間でない場合も同じ them になる

のである。つまり、him, it/them という人称代名詞の対立で言うと、英語では単数の場合は人か人でないかを区別するが、複数の場合はその対立がなくなってしまうのだ。このように対立がなくなることを対立が**中和**（neutralization）すると言う。

ただ、人を紹介するときなどで、主語として用いる場合はその例外となる。

18. This is Mrs Jones. ［人を紹介しながら］
19. This is my stepmother. ［写真を指して］

「～する人たち」、「～するもの」という表現の those who や that which（ややまれ）は許されるが、"that who" は許されないのも同様の原理にもとづいているのであろう。

9-2-1 英語の3人称の代名詞と日本語のソ系

次の英語の例とその日本語訳との対照を考えてみよう。

20. Mother looked at me with tears in *her* eyes.
21. On *his* arrival in the capital, the Secretary of State declared support for the government.

20. の "her" は "Mother"、21. の "his" は "the Secretary of State" を指している。これらに対する日本語としては次のようなものが考えられるだろう。

20'. 母は目に涙を浮かべて私を見た。
21'. 首都に到着してまもなく国務長官は政府を支持することを表明した。

どちらの場合も *her*、*his* に対応する訳語は見当たらないが、全体としてはま

ったく自然な文である。それに対して、

 20″. 母は彼女の目に涙を浮かべて私を見た。
 21″. a. 彼が首都に到着してまもなく国務長官は政府を支持することを表明した。
   b. 国務長官は彼が首都に到着してまもなく政府を支持することを表明した。

20″.はやや不自然だし、21″.a.の「彼」は「国務長官」を指せないので、誤訳ですらある。英語は日本語よりも後方照応[4]を許しやすいという統語的な制約の違いを考慮して21″.b.としてもさほど変わりはない。柳父（1982）が主張するように英語の3人称の人称代名詞と日本語の「彼」、「彼女」とは別物で、日本語では「彼」、「彼女」はむしろ指示代名詞なのである（boy friend、girl friend などを意味する普通名詞にもなっている）。

 一般に、日本語には指示代名詞しかなく、人称代名詞はないと考えるのが言語学的には妥当である。したがって、

 22. A：Does your father play golf?
   B：Yes, he does.

は日本の中学1年生の英語の教科書に出てきそうな対話だが、Bのようにとっさに答えられる日本人はかなりの上級者である。Yes までは容易だが、your father を瞬時に he に置き換え、Does ... play を does（代動詞）に瞬時に置き換えるというようなことは日本語にはないので、相応の訓練が必要だ。
 なお 20. に関しては

---

[4]「後方照応」を cataphoric reference、「前方照応」を anaphoric reference と言う。

20‴. 母はその目に涙を浮かべて私を見た。

のように、her の日本語訳には「彼女」よりもむしろソ系が対応しやすい。ソ系は中立項で指示性があまり強くなく、英語の所有格人称代名詞も同様なのかもしれない。

9-3 〉2人称代名詞の言語と文化

　指示代名詞（空間ダイクシス）の議論を通して、人称代名詞（人称ダイクシス）の英語と日本語の違いを見た。二分法、三分法の違いはあれ、一見単純で文化によってさほどの違いがないようで、実は言語ごとの特徴がある。

　人称に関して言えば、ほかのヨーロッパの言語と異なる英語の特徴は、英語には2人称の代名詞に単数／複数の区別がないことである。例えば、フランス語の tu/vous やドイツ語の du/Sie のように、2人称でも単数／複数の区別がある言語が多い。そして、多くの場合、単数形は親しい間柄、複数形は相手が1人でも敬意や距離を表すように用いられる。つまり、英語は相手が親しいか距離を置くべき人なのかを区別しない「民主主義」的な言語になっているのである。

　このような特徴は、第11章のポライトネスのところで見るようにアングロ・サクソンの対等主義の表れと見ることもできるかもしれない。しかし、ポーランド語などスラブ系の言語の話し手にとっては、親しさを表しにくい言語と感じるようだ（Wierzbicka 1991）。

9-3-1 包括的 we と排他的 we

　また、英語の複数の1人称代名詞 we（us、our）は自分と対話者を含めて「われわれ」と言う場合と対話者を含めない「われわれ」を区別しない。この点では日本語も同様である。学生がほかの学生に向かって「われわれ学生は」と言ったときは前者であり、教師に向かって「われわれ学生は」と言っ

たときは後者である。英語ではこの区別をしないが、便宜的に前者を**包括的** we（inclusive *we*）、後者を**排他的** we（exclusive *we*）と呼ぶ。

　これらの区別がない英語が植民地などに入りピジン化（現地の言語との混成化、第14章参照）したときに、現地語にこの区別があると、そのピジンにその区別が現れることがある。

　メラネシアのピジンでは、1人称代名詞複数には *yumi* と *mefelo* という2つの形式があるが、前者は包括的 we で、後者は排他的 we である。*yumi* は you and me から来たもので、*mefelo* は me and (other) fellows から来たものと考えられる（Quirk 1968）。日本人が brother、sister ということばを使うとき、兄なのか弟なのか、姉なのか妹なのかを知りたくなるのと同じで、この2つを区別する言語が**基層言語**（substratum）だと、**上層言語**（superstratum）（この場合は英語）にその区別がないと区別したくなるのにも理があろう。

　ただ、包括的／排他的 we の区別をする表現が英語にないわけではない。

23.　a.　Let's do this.
　　　b.　Let us do this.

の、a. は包括的（「〜しましょう」）、b. は排他的（「〜させてください」）である。Let's は Let us の短縮形であるが、異なった用いられ方をする。さらに、包括的であることがよりはっきりとする口語表現に

24.　*Let's you and me* do this.

がある。Let's の us と you and me とで冗長になっている表現で、正しい用法と言えるかは難しいが、慣用はある。

　このようにダイクシスを見てみると、この現象には認知的側面と社会的側

面とがあることがわかるだろう。言語と言語外の世界との接点にあると言ってもよい事象であるゆえに、ことばが内的な成り立ちをしている面とコミュニケーションの中で成り立っている面とが現れているのであろう。

参考文献

〈日本語〉

小泉保（編）(2001)『入門　語用論研究——理論と応用』研究社.

ジェニー・トマス（著）浅羽亮一（監修）(1998)『語用論入門——話し手と聞き手の相互交渉が生み出す意味』研究社.

柳父章 (1982)『翻訳語成立事情』岩波書店〔岩波新書〕.

〈英語〉

Halliday, M. A. K. and Hasan, R. (1976) *Cohesion in English*. Longman.

Levinson, S. C. (1983) *Pragmatics*. Cambridge University Press.

Mey, J. L. (1993) *Pragmatics: An Introduction*. Blackwell.〔2001 2nd Revised ed. Wiley〕（澤田治美，高司正夫（訳）(1996)『ことばは世界とどうかかわるか』ひつじ書房.）

Quirk, R. (1968) *The Use of English*. Longman.

Quirk, R., Greenbaum, S., Leech, G. and Svartvik, J. (1985) *A Comprehensive Grammar of the English Language*. Longman.

Thomas, J. (1995) *Meaning in Interaction: An Introduction to Pragmatics*. Longman.

Vershueren, J., Östman, J.-O. and Blommaert, J. (eds.) (1995) *Handbook of Pragmatics: Manual*. John Benjamins Publishing Co.

Wierzbicka, A.［1991 1st ed.］(2003) *Cross-Cultural Pragmatics: The Semantics of Human Interaction*. 2nd ed. Mouton de Gruyter.

Yule, G. (1996) *Pragmatics*. (Oxford Introductions to Language Study). Oxford University Press.（高司正夫（訳）(2000)『ことばと発話状況——語用論への招待』リーベル出版.）

■ 練 習 問 題 ■

1．There is 構文の there が、指示性が低いことについて考えてみよう。
2．this と that のそのほかの対立について考えてみよう。
3．日本語の「彼」「彼女」が英語の人称代名詞とは異なっていると言える理由を本書の説明以外にも考えてみよう。
4．"Who is this?"、"Who are you?"、"Who is it?" はどのように使い分けられるか調べてみよう。
5．時間ダイクシスはどのようなものか調べてみよう。

10. コミュニケーションの語用論

　言語学、英語学の主流の分野は言語の成り立ち（歴史的な成り立ちであれ、それを生み出す能力という観点であれ）を、言語そのものを見ることによって明らかにしようとするものである。前章の語用論におけるダイクシスも、言語外的世界との関わりという視点に立ってはいるが、やはり外部を指示しうる言語の機能やその語の特性を論じている。ここからはグローバル・コミュニケーション、およびコミュニケーション一般を論ずるためにそういった狭義の言語学、英語学から一歩足を踏み出していこう。

　そのような試みは、学史的にはおおよそ1960年代から始まったと考えてよいだろう。言語学がコミュニケーションの学問ではない以上、その試みには言語学の外からアイディアを拝借する必要があった。本章では、その1つである言語哲学の議論に始まり、言語学の中で発達し、展開している語用論のいくつかのトピックを取り上げたいと思う。特に会話の含意（協調の原理）と言語行為論をこれから先のコミュニケーションの言語学、英語学のための基礎理論として論ずることにする。

　ここで中心的に論じたいことは、1つは、なぜ文字通りではない間接的なメッセージが伝わるのか、そのようなコミュニケーションが可能になっている人間の特質とその原理はどのようなものか、ということであり、今1つは、ことばを用いる、コミュニケーションを行うということはいかなる意味で社会的な行為なのかということである。これらはコミュニケーション、グローバル・コミュニケーションのための英語学、言語学の、いわばコミュニケーションに関わる基礎理論の1つとなっており、第11章のポライトネス、第

12章の相互行為の社会言語学とともに、コミュニケーション系言語学の根幹を成す。これらは、それぞれの議論自体も発展系があるが、いわば算数の九九のようなものでもあり、さまざまなコミュニケーションの諸事象を読み解く道具立てでもある。

10-1 〉会話の含意——協調の原理

10-1-1 前提と含意

　本章の議論のもととなっている言語哲学には踏み込むことはしないが、ここで問題とすることを明確にするために、概念の整理をしておこう。

　言語とコミュニケーションの関係を論ずるのに、字義上の意味だけを考えていては到底人間のコミュニケーションのしくみを理解することはできない。実際、われわれはことばにしていない、つまり字義的なメッセージ以上のこと（言外の意味）を多く伝え合っている。次の例を見てみよう。

1. My sister is working at an ice cream shop.
2. She has arrived in Tokyo.

という2つの文は、それぞれ明言していないがさまざまなことが伝わっている。例えば次のようなことがらがそれぞれそれにあたるであろう。

1'.　→　I have a sister.
2'.　→　She is in Tokyo now.

ただし、この2つは同じではない。その違いを明らかにする方法の1つは**否定テスト**（negation test）である。すなわち、1、2.を否定文にしたときにそれぞれ1'、2'.の言外の意味が消えるか否かである。

1. の否定：My sister is not working at an ice cream shop.
2. の否定：She has not arrived in Tokyo (yet).

を考えるとどうだろう。1. の言外の意味、1′. I have a sister. は消えないが、2′. She is in Tokyo now. は成り立たない。このように、否定しても消えない言外の意味を**前提**（presupposition）、消えてしまう意味を**意味論的含意**（entailment）と呼ぶ。

　ここで、「意味論的含意」という言い方をするのは次項以降で見る「会話の含意」と対比するためである。2. から得られた言外の意味、意味論的含意は、いわば文脈を参照しなくとも、語義と文法から得ることができる。しかし、これから見る「会話の含意」はコミュニケーションの状況で、文脈を参照することで得られる言外の意味である。

10-1-2　言外の意味が生まれるしくみ

　意味や文法の議論が前提とするところでは、語は辞書にある通りにあるものやことがらを指し、文や発話は文法にしたがって一義的に解釈されると考えやすい。

3a.　The sum of the interior angles of a triangle equals 180 degrees.
3b.　三角形の内角の和は180度である。

という文であれば、どこで誰が発話しても、おそらく大きな誤解なくコミュニケーションが成立するだろう。しかし、開いている窓やエアコンのスイッチのそばにいる人に対して、

4a.　It's cold in here.
4b.　ちょっと寒いね。

などのような発話をすれば、おそらく普通は（意地悪でないかぎり）、「（窓を）閉めましょうか？」とか「エアコン切りましょうか？」などとたずねてきたり、（とりわけ日本なら）特にたずねることもなく親切に窓を閉めたりエアコンの調節をしてくれるだろう。この場合、"It's cold in here." や「ちょっと寒いね」という発話の発信者は「窓を閉めてほしい」、「エアコンを切ってほしい」という意図を持っていると聞き手は解釈したことになる。しかし、"It's cold in here." や「ちょっと寒いね」という文の中には「窓」や「閉める」、「エアコン」、「切る」を意味するようなことばは一切含まれていないし、そんな文法もない。それにもかかわらず、われわれはごく普通にこのような意図の伝達と解釈を成し遂げているのである。

このような現象の解明への１つの道筋を示したのは、言語哲学者のグライス（Herbert P. Grice 1913-1988）である（Grice 1975）。コミュニケーション系言語学の始まりは、これから述べるアイディアを言語学が取り入れたことである。

まず、人間は基本的に協調し合っているという次のような前提に立つ。これが大原理である。

協調の原理（Cooperative Principle）

Make your conversational contribution such as is required, at the stage at which it occurs, by the accepted purpose or direction of the talk exchange in which you are engaged.

（会話のそれぞれの段階で、自分が参加している会話のやりとりの、目的とし、めざしているとされているものによって必要とされるような貢献をすること。）

(Grice 1975)

そして次の４つの**格率**（maxim）をもとにわれわれがコミュニケーションを行っていると考える[1]。

i 必要なだけ言うこと（maxim of quantity、量の格率）
ii 本当のことを言うこと（maxim of quality、質の格率）
iii 関連のあることを言うこと（maxim of relation、関連性の格率）
iv 簡潔にはっきりと順序立てて言うこと（maxim of manner、様態の格率）

誤解してはならないのは、これらは道徳律のようなたぐいのものではないということである。絶対守らなくてはならない、あるいは守られているルールということではない。人はしばしば冗長に話すし、ウソもつく。グライスの議論の意味するところは、これらが以下に見るような間接的メッセージの解釈のいわばガイドラインになっているということだ。コミュニケーションのあるべき姿というよりも、このような格率が守られているという前提で発話がなされ、解釈がなされるがために、言外の意味、間接的なメッセージが伝わると考える。このガイドラインには沿わないことがしばしばあるが、大原理である協調の原理が遵守されているという前提があるかぎり、間接的なメッセージが生み出されるのである。

これらの原理と格率から生み出される間接的なメッセージを**会話の含意**（conversational implicature）と言う。前項の意味論的含意とは異なり、会話のやりとりの中で、状況に依存しつつ生まれる含意なので、会話の含意と呼ばれている。会話の含意には**一般的な含意**（generalized implicature）と意図的な格率違反（フラウト、flout）による**特定化された含意**（particularized implicature）とがある。

まずは、一般的な含意の例を見てみよう[2]。

5a. John has two PhDs.

という発話を耳にしたとき、聞き手は発話者がこれを真（true）であると信

---
1 以下は Grice（1975）の簡略版である。詳細は原典を参照のこと。
2 以下の例は Leech（1983）によるものである。

じているという前提で聞く。すなわち、質の格率に沿っていると考える。それゆえに、

    5b. ??John has two PhDs, but I don't believe this.

という発話には違和感をおぼえることになる。"John has two PhDs"と自分で言っておきながら、これを自らが信じないというのはおかしいと感じるはずだ。John says he has two PhDs, but I don't believe this. ならよいだろう。this の指示する範囲は John が言った内容（says の目的語の節）であり、John says からの自らの発話全体ではないからである。着目すべきは 5b. の発話も文法的には何ら誤りはないということである。文法的には正しいにもかかわらず、違和感をおぼえるということは、文法とは異なる次元でこのコミュニケーションの原理が働いているということの証明だろう。繰り返すが、質の格率（"Be true"）を、うそをついてはいけないとか欺いてはいけないなどという道徳律のように考えるべきではない。
　また、Nigel に 15 人の子どもがいたとする。そのような事実がありながら、

    6. Nigel has fourteen children.

と誰かが発話し、もし実は 15 人いることが発覚したらどうだろう。おそらく、欺かれたと感じるのではないだろうか。しかし、この文は文法的に何ら問題がないばかりか、実際には 15 人の子どもがいたとしても、論理的にはまったく欺いてはいないはずだ（15 人の子どもがいるということは当然 14 人いることになる）。それにもかかわらず欺かれた印象を持つのは、十分な情報量を提供せよという量の格率が作用しているからだと考えられるのである。
　次の会話を見てみよう。

    A：How did Harry fare in court the other day?

（この前、ハリーは裁判どうだった？）
　B：Oh he got a fine.
　　（ああ、罰金くらったよ）

　もし実際にハリーが受けた罰は罰金だけではなく、禁固刑もだったとしよう。その場合、B はうそをついていることになるだろうか？　罰金をくらったことは事実だ。ただ、それより普通は重いと考えられる罰の方を言わなかっただけだ。しかし、そうだとするとこれまた何となく欺かれた気にならないだろうか。必要なだけの情報を与うべしという量の格率が守られていないと考えられるからだ。

　このような原理、格率は一般に日本語でも作用すると考えられる[3]。「今日はいい天気ですねえ」と話しかけられて、「はい、でも三角形の内角の和は180 度です」と答えれば、いかにそれが真実の内容だとしても確実にちょっと気が変になっていると見なされる。関連性の格率が作用しているからである。

　「一郎は駅に行って、切符を買った」という表現を耳にしたとき、通常われわれの解釈は「一郎」が切符を買ったのは彼がそのときに行った駅でであり、別の駅で買ったのではなく、また「駅に行って」、その後「切符を買った」という順序でなされたのであってその逆ではないというものである。これは様態の格率の例である[4]。

---

[3] 先の質の格率の例で言えば、「ジョンは 2 つ博士号を持っているが、私はそれを信じない」というそれに対応する日本語文は、英語よりも許容度が高いように思われる。

[4] 言語哲学の議論の流れの中でグライスが問題にしようとしたことの 1 つはこのことであったと考えられる。グライス以前の言語哲学の議論では、"and" の取扱いが 1 つの焦点であった。"The capital of Japan is Tokyo AND the capital of France is Paris." の "and" と "Alfred went to the store AND bought some whisky." のそれとでは意味が違うのではないかという議論だ。前者の場合、A and B の A と B をひっくり返しても内容（命題）の真偽は変わらないが（日本の首都が東京であることとフランスの首都がパリであることはどちらを先に言っても真である）、後者の場合、"Alfred bought some whisky and went to the store." の A and B の A と B をひっくり返すと意味が変わってしまう。その "the store" で "whisky" を買ったとは解釈できないだろう。こういうことから、「並列の and」と「順序の and」の 2 種類の and があるという考えがあった。これに対して、グライスは and に 2 つの意味があるのではなく、協調の原理という別の原理が働いているからだ

このような格率の働きによって生まれる含意を、会話の含意の中でも**一般的含意**（generalized implicature）と言う。
　先に述べたように、グライスは人間がみなこれらの原理、格率を守っているということを言っているのではない。次に見るように、これらの格率にわざと違反することによって（ただし、協調の原理の大原理は守っているという前提に立つことによって）、文字通りの意味以上の間接的メッセージをわれわれは伝えることができるし、理解することができるということが肝要だ。
　例えば、4a. のような発話は一見その場に関連性がないように思われるかもしれないが（関連性の格率の違反のように見えるが）、それを聞いた人は普通大前提である基本的な協調関係は保たれていると考えて、何とかその場に関連性のある解釈をしようとするのである。聞き手は次のように考えを巡らせるだろう。

相手は寒いと言っている。
↓

　寒いということは一見どうでもいいことのようだが［関連性の格率に違反しているように思える］、何かこの場に関係のあることをきっと言っているに違いない（あるいはそう考えるべきだ）［協調の原理は守られていると考えられる］。

↓

　自分の近くの窓が開いているし（あるいは、エアコンのスイッチがある）、そのことを相手は知っているようだ。

↓

　窓が開いていること（あるいはエアコンの設定温度）が寒さの原因（の1つ）であると考えられるし、窓を閉めれば（あるいはエアコンを切れば）

と主張したのである。
　4つの格率のうち、様態の格率だけが「どのように」言うかが問われており、ほかの3つは「何を」言うかが問題になっていることにも着目しておこう。

少しは寒くなくなるとも考えられる。それに相手もそう考えているようだ。
↓
相手がわざわざそう言うからには自分に何かをしてほしいと考えているかもしれない。
↓
それは自分が窓を閉めること（エアコンを切ること）である。

というような解釈のプロセスを経て、この程度の状況であればわれわれは瞬時に相手の意図を読み取るのである。つまり、相手が何がわかっているかを推論し、自分が何がわかっているかを相手がわかっているであろうという推論をすることに、間接的なメッセージのやりとりはもとづいている[5]。

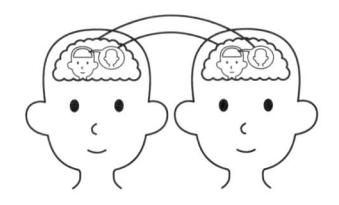

このようなしくみをわざと利用する（フラウト（flout））ことによって、ある特定の間接的なメッセージを生み出そうとすることもできる。そのようなメッセージを**特定化された含意**と呼ぶ。例えば、子連れの母親同士の次のような会話を見てみよう（Levinson 1983）。

7. A：Let's get the kids something.
   B：Okay, but I veto I-C-E C-R-E-A-M-S.

Aは子どもに何か食べさせようと提案する。しかし、Bは綴り字で答えると

---

5 このような心の働きを「**心の理論**（theory of mind）」と呼んでいる。

いうまどろっこしい言い方をしている。簡潔に "ice creams" と言ってしまえば済むところをそうしないのは、一見すると様態の格率に反する。しかし、大原則である協調の原理は守っているだろうと判断し、理由を推論すれば、「アイスクリーム」と言ってしまうと、言わなければ思いつかないかもしれないのに、それを聞いた子どもたちはほしがってしまうからだと理解するだろう。この会話の原則を利用して「アイスクリームはだめよ」というメッセージだけではなく、「『アイスクリーム』という言葉を口にしてもだめよ。子どもたちがかえってほしがるから」というメッセージも伝えることができるのである。

モテないことで知られているAくんがいたとしよう。そのAくんが母親といっしょにいたところを目撃した人が仲間内で「この前、Aくん、女の人と歩いてたよ。」と冗談で言ったとしたら、意外な話に盛り上がること請け合いだ。もちろんタネをあかせば、わざと欺かれたことを知るだろう。これが冗談として成り立つのも、量の格率が作用しているという前提を利用しているからだ。成分分析（第8章参照）すれば、

「女の人」＝〈女性〉
「母親」＝〈女性〉〈親〉

というぐあいに、「母親」の方が情報量が多いので、適切とあれば多い方の情報を与えるべしと考えるはずなのである。

そのほか、グライスは質の格率が活用される例として、メタファーやアイロニーなどをあげている（例：iron lady というメタファーを用いて呼ばれたサッチャーも実際には物理的に「鉄」であるわけではない）[6]。ここで、コミュニケーション系言語学の基礎として理解しておくべきことは、間接的なメ

---

[6] グライスの枠組みにおけるメタファーの議論は魅力的とは言いがたい。それについては後述する認知言語学が得意とするところだ。

ッセージが生まれるプロセスに関わる 1 つの見方としてグライスのモデルがあり、字義的なメッセージの理解とは別の次元にコミュニケーションに関わる原理があるということである。

　このような推論のプロセスは、少し大ざっぱと言えば大ざっぱかもしれない。格率に明らかに反するからと言ってその命題内容の反対を意味すると推論するのは、場合によってはやや飛躍があるからである。このあたりの説明も含めて、グライスの考えた問題をもっとうまく扱おうとした考え方に**関連性理論**（Relevance Theory）というものがある[7]。認知語用論とも呼ばれる分野だが、より一般的な解釈のプロセスを扱うため、グローバル・コミュニケーションのための理論には必ずしも向いているとは言いがたい。そのような視点に立った場合の問題点は、次節の議論を合わせて理論的枠組みとし後に論じよう。

10-2 ▶ 言語行為論

10-2-1　社会的行為としての言語

　ことばを使うということは社会的な行為である。それはコミュニケーションの道具として言語が用いられるからであり、コミュニケーションは社会的行為と考えられるからである。しかし、オースティン（John L. Austin 1911-1960）、サール（John Searle 1932-）らは、より明確な形で**言語使用の社会的側面**に着眼した。彼らもまた言語哲学者である。ここでは彼らの提案した**言語行為論**（Speech Act Theory）[8] を見てみよう（Austin 1962、Searle 1970）。

---

[7]　Sperber and Wilson（1986）、Blakemore（1992）などを参照。
[8]　speech act については、「言語行為」のほか、「発話行為」という訳語も流通している。しかしながら、本書では扱わない utterance act という、同じ枠組みにおける用語に対しては、utterance には「発話」という訳語が定着している以上、「発話行為」と訳さざるをえず、speech act に対する訳語としては適当ではない。「スピーチアクト」というカタカナ語も流通しているが、おそらくこの問題を回避したものだろう。

彼らの言語哲学的な議論はともかく、英語学、言語学の枠組みで同様に言語哲学者である前節のグライスの理論との関わりも理解することが重要だ。

　これはわれわれがことばを使うということがどういうことか、ということに関する1つの見方である。ことばを使うということが社会の中でどういう意味を持つかということに関するわれわれの理解を深めてくれる考え方でもあり、また後にグローバル・コミュニケーションの視点で会話のしくみ、発話のタイプを理解、記述する際の物差し、道具立てともなる。

　次のような文を比べて考えてみよう。

8. The sum of the interior angles of a triangle equals 180 degrees.
9. The earth is round.
10. I *promise* I will never do it again.
11. I *apologize* for my behavior last night.

文法的にこれらの文の種類を言えば、いずれも現在時制のいわゆる平叙文である。特に大きな違いは内容的にも感じられないかもしれない。しかしよく考えると、8、9.の2文が事実を描写しているのに対し、10、11.はいずれもそのように言うことによって「約束」や「謝罪」という行為を行っていると考えられる。「約束」は、たとえ個人的なものであれ、それを破れば不誠実な人だと思われるなどの、ある種の社会的な制裁を受けることになる点で社会的と言えるし、「謝罪」は次章で述べるように、社会的に負った否定的な面目を補修（リペア（repair））するものであるという意味でやはり社会的だ。

　もし誰かが9.のように言ったことを第三者に報告するなら、誰それさんが「『地球は丸い』と言った」と表現できるが、10、11.のように言ったことを報告するなら、たんに「約束すると言った」とか「謝罪すると言った」というより（そうなると少し意味合いが異なる）、誰それさんが「約束した」とか、「謝罪した」と報告する方が適当であろう。

　このように考えると発話には2種類があると考えてもよいかもしれない

（この考えは後に否定される）。8、9.は事物を描写する発話で**叙実的**（constative）な発話であり、10.、11.はそれ自体が行為を遂行する**遂行的**（performative）発話と言う。また10.、11.のような遂行する行為を明示している**動詞**を**遂行動詞**（performative verb）と言う。

　しかし、この考えをすぐに否定せねばならないが、よく考えると、例えば、10.のように言わなくても、たんに

　　10′. I will never do it again.

と言うだけでも、場合によっては「約束」と解釈されるのではなかろうか。しかし、見ての通り、この発話の形式としては叙実的とも言える。さらに言えば、

　　12. Someone in the office has sticky fingers.
　　　　（このオフィスの誰かには盗癖がある）
　　13. Maybe he has sticky fingers.
　　　　（ひょっとして彼には盗癖があるかもしれない）

なども叙実的のように見えるが、場合によっては、「警告」、「注意喚起」などの行為となりうるだろう。実質、「気をつけろ」と言っている状況は容易に思い浮かぶ。このように考えると、先ほどの叙実的／遂行的という区別は困難か、もしくは意味がないということになる。考えれば、叙実も「描写する」という行為をしているわけで、あらゆる発話は条件を満たせば、すべて行為を遂行していると見ることができるだろう。このように、発話が社会的な行為となるという考え方を**言語行為論**と言い、個々の行為を**言語行為**（speech act）と言う。

　言語行為には3つの側面があるとされる。

a. 発語行為（locutionary act）
b. 発語内行為（illocutionary act）
c. 発語媒介行為（perlocutionary act）

やや単純化して言うと、発語行為とは、文法的に妥当で意味のある発話を物理的にするという行為で、これは狭義の言語学で扱うことのできるレベルの行為である。発語内行為は、話し手の意図した行為、あるいはその意図という側面を言い、聞き手がそれをどう受け止めたかが発語媒介行為のレベルの行為である。これらは必ずしも一致しない。意図した通りに聞き手が受けとめるとは限らないし、人や状況によって受け止め方が複数ありうることもあるからである。つまり、a.は言語内的構造を扱う言語学（本書で言えば第5章～第8章）の対象であり、c.は率直に言って収拾がつかないくらいいろいろな要素が入り込んでいるため、実質的に言語行為論ではb.の発語内行為が主たる議論の対象である。また、発語内行為が持っている主として話者の意図を表すメッセージを**発語内の効力**（illocutionary force）と言う。

また、言語行為には次のようなタイプがあるとされる。（　　）内は遂行動詞が明示された場合の例である。

ⅰ．陳述描写型（Representatives）
　　（affirm、conclude、report など）
ⅱ．行為指示型（Directives）
　　（advise、request、order など）
ⅲ．行為拘束型（Commissives）
　　（promise、swear、pledge など）
ⅳ．態度表明型（Expressives）
　　（apologize、congratulate、thank など）
ⅴ．宣告命名型（Declarative）
　　（appoint、pronounce、declare など）

ⅱとⅲは対として理解するとわかりやすいだろう。行為指示型言語行為は、命令などのようにそれによって相手を拘束しようという行為であり、行為拘束型言語行為は、約束などのようにそれによって自分を拘束する行為である。

10-2-2　間接言語行為

上で少し見たように、直接的には叙実的な文、説明的な文であるのに「警告」などの言語行為となるように、実際のコミュニケーションにおいては形式とは異なる間接的な言語行為がしばしばなされる。グライスの協調の原理を利用して、表面上のことばとは一見違う行為をする例を見てみよう。

14.　A：Let's go to the party tonight.
　　　B：I have to study for an exam.

AさんはBさんをパーティーに誘っている。それに対するBさんの答えは試験勉強をしなければならないというものである。ほとんどの人はこのやりとりを自然なものと感じるだろう。よくある断り方だ。ところが一見Bさんの回答はAさんの誘いに対して無関係なように見える。しかし、グライスが言うようにわれわれは基本的には協調関係を保っているという大前提のもとに解釈しようとするので、試験勉強をしなければならないことと、パーティーに行くこととの関連を考える（普通はわざわざ考えるほどの時間はいらない）。そして、試験勉強をしなければならないからパーティーには行けないのだと解釈する。Bさんの意図もそのようなものだろう。つまり、この場合Bさんは試験勉強をしなければならないと言いながら

15.　I am sorry that I can't go to the party tonight.

と実質的には言っているのである。つまり、14. のBは自分の事情を説明しているように見えて、実は「断り」という言語行為を成し遂げているのであ

る。このように、直接の言語行為のタイプとは異なった言語行為を会話の含意などによって遂行するものを**間接言語行為**（indirect speech act）と言う。

　しかし、14.のBの発話はそれ自体で断りを表しているわけではない。"It's cold in here." が本来「窓を閉めてください」という意味を持たないのと同様である。次の16.のようなことを続けて言えば、「断り」の効力（force）はすぐに消えてしまう。

 16. I have to study for an exam, but I'll do it when we get home from the movies.

つまり、14.のBの発語内の効力は取り消し可能（cancellable）である。

　また、14.のBのように言わなくても、次の17.や18.のように言っても同じように断ることができる。14.のBだけが「断り」の効力を持つ言い方ではない。

 17. I have a previous engagement tonight.
 18. I do not like the party.

これが意味することは、14.のBは慣用的に「断り」の発話にはなっているわけではないということである。言い方を変えれば、14.のBが必ず「断り」になるという慣習はないのである。

　しかし、あるタイプの行為であるはずの発話がほかのタイプの行為になることが慣用的（conventional）になっているものもある。次の例文を見てみよう。

 19. Can you open the window?
 20. Will you open the window?

中学程度の英語がわかる人なら、これらの文がいずれも「窓をあけてください」という「依頼（request）」の発話であることを知っているだろう。19. 20. はいずれも行為としては次の 21. 22. と同じだと考えられる。

21. I request that you open the window.
22. Open the window.

形式的には 19. 20. は疑問文である。実際、腕に怪我をしてリハビリ中の患者が窓のそばにいて、医者がその人に腕の快復度を確かめるために 19. のようにたずねることはあるだろう。その場合は純粋に相手の能力を問う疑問ということになる。しかしながら、多くの場合、これらの文は「質問」ではなく「依頼」である。そして、重要なことに、先のパーティーの誘いに対する断りの場合と違って、これらは英語では高度に慣用化された表現で、解釈が慣習化されているのである。その証拠に 19. は次のように言い換えると「依頼」にならなくなってしまう。

23a. Are you able to open the window?
23b. Do you have the ability to open the window?

"Can" とだいたい同じ意味を持っていると考えられる表現に置き換えた上の２つの文はいずれも能力を問う純粋な「質問」にしか通常はなりえない[9]。19. が慣用的に「依頼」を表すのに対し、23. はいずれもそのような慣用性を持たないのである。つまり、「〜できますか」とたずねることが必ず「依頼」をすることになると決まっているわけではなく、19. の言い方が慣習的に「依頼」を表すのである。同様に 20. は未来の行為をたずねた「質問」であるから、

---

[9] 次章でくわしく取り上げる Brown and Levinson（1987 p. 139）（次章参考文献参照）によれば、"Are you by any chance able to post this letter for me?" というようにほかの表現を合わせると、"Are you able to ...?" も依頼になりうるという。

その点だけを考えれば次のように言い換えることができるだろう。"will" と "be going to" は置き換え可能な場合もある。

24. Are you going to open the window?

しかし、これも先ほどの例と同様に、これから先の行動についての純粋な「質問」にしかならず、20.のような「依頼」にはならない。つまり、20.の言い方も慣用的に「依頼」という行為と見なされているのである。

このように発話が言っている内容以上のこと、あるいは以外のことを間接的に意味する、つまりある表現がもともと持っている役割とは違う役割を果たす場合でも、どのような意味を持つかは、状況による場合と、かなりの程度慣用的に決まっている場合があるのである。この慣習性の有無がグローバル・コミュニケーションにおいては問題となりうる。

前節の協調の原理とこの言語行為論は、出自から言えば、ともに言語哲学者たちの研究にもとづいており、言語学の外からアイディアをもらって言語学の一分野として今や定着した。言語学は、いろいろな理論的な枠組みや焦点の置き方の違いがあるにせよ、基本的には言語の内部の問題を扱うのが常道であった。本章のコミュニケーションの語用論は閉じた言語の世界（それがよくないと言っているのではない）からコミュニケーションの中の言語の世界に関心を拡大させたと言うことができる。このことは、逆に言えば、言語学はそもそもコミュニケーションの学ではなかったということだ。後に見る社会言語学でもそうだが、コミュニケーションの学としての言語学はたくさんの知恵を外から迎え入れて発展してきたところがある。

10-3 〉グローバル・コミュニケーションから見た語用論の問題

10-3-1 間接性の異文化差

　これまで見たことは、高度に慣習化しているものは特にそうだが、全般に母語を話している場合、しかも相手も同じ母語の話者である場合にはほとんど意識されない。これまで見たような解釈や推論をいともたやすく成し遂げてしまうのだ。問題となるのは、異なった言語を話す人同士、あるいは異なった文化的な背景を持つ者同士の、本書で言うところのグローバル・コミュニケーションにおける会話である。これまで見てきた会話のしくみを土台として、いくつかの非英語圏の文化における会話のしくみを見てみよう。

　以下は、英語では一般的な勧誘の言語行為であろう。

　　25. Would you like to drink something?

しかし、ヴィアツビッカ（Anna Wierzbicka 1938-）によれば、これをポーランド語に直訳すると「勧誘」にはならず、純粋な質問と解釈されると言う。次章での主題の1つであるが、英語ではこの間接的な言い方は一見丁寧である。相手の気持ちを尊重し、無理強いしていないからである。ところがこの言い方はポーランドではむしろ無礼になるらしい（以下、Wierzbicka 1991）。

　ではポーランド語、あるいはポーランドではどのように25.のような「勧誘」をするかと言うと（英語に直訳すると）、

　　26. Perhaps you will drink something?

のような言い方をする。英語の話者から見るとおそらくむしろこちらの方が無礼な言い方になりかねない。さも相手のことがわかっているといった口ぶりの押し付けがましい言い方である。日本人の多くにとっても同じように感

じられるのではないだろうか。同様に英語ではごく普通の、しかも丁寧なデートの誘い方であるところの

   27.　Would you like to go to the cinema with me?

を直訳したポーランド語の発話はヘタなデートの誘い方だと言う。これは純粋な「質問」、しかも無礼な質問と受け取られてしまうらしい。むしろ、ポーランド（語）では（英語に直訳すると）、

   28.　Perhaps we would go to the cinema?

の方が丁寧な「勧誘」なのである。25.、27. は相手の願望、もっと露骨に言えば欲望を問い、あらわにさせてしまうから、その勧誘を受け入れることは言ってみれば恥ずかしいことなのだと言う。
　これらのポーランド（語）の例は、英語では慣用的である間接的な勧誘や依頼が必ずしもほかの言語、文化には当てはまらないということを示している。また、このことは逆に英語は間接的な表現の慣用性がきわめて高いということの表れとも言える。この意味で、日本語と英語はよく似ている。

10-3-2　トートロジーの解釈

　同語反復的な表現を**トートロジー**（tautology）と言う。例えば、

   29.　War is war.
   30.　Boys will be boys.

のような表現がその例である。これをグライス流に考えるなら、AはAであると言っているわけで、情報量はゼロであり、必要な情報を与えよ、という量の格率に違反することになる。しかし、これは明らかに意図的に言って

いるので(フラウトと見なし)、何か別の解釈に至るよう推論する。そして、一般的には29.のように、「戦争は戦争だ」と言えば、「どんなにごまかしても(それは)やはり戦争だ」とか「とにかく戦争なのだから戦わねば」などさまざまな解釈が文脈を参照してなされるだろう。

　しかしながら、このような推論は決して一般的でも普遍的でもない(以下、Wierzbicka (1987)、Gibbs (1994)の議論)。例えば、30.を、??Les garçons seront les garçons. のようにフランス語に直訳するとまったく意味をなさないと言う。C'est la guerre. (That is war.)のように言うしかないらしい。

　英語にはトートロジーのパターンが2つあり、29.のような「N(抽象名詞単数形) is N(抽象名詞単数形)」のパターンと、30.のようなN(複数形) will be N(複数形)のパターンがある。前者は一般に、理解や我慢が求められる人間活動に対する冷静で、ほとんどは否定的な態度を表し、後者は、否定的な言及だが、おそらく変わることのない負の側面を大目に見るような態度を表す。したがって、

　　31.　??A hat is a hat.
　　32a.　??Rapists will be rapists.
　　32b.　?? Murderers will be murderers.

はおかしな文である。帽子は人間活動でもなく否定的な態度も普通は持ちにくいし、レイプ魔や殺人者には寛容な態度をとれないのが普通である。
　興味深いことに、

　　33.　「負けるときは負けるよ」
　　34.　「彼だって結婚するときは結婚するよ」

という日本語のトートロジー文は、普通の日本語話者なら、ありえなさそうなことも起こりうる、くらいの解釈をすることが多いと思われるが、これを

英語に直訳すると

    33′   When he loses the game, he loses it badly.
           （負けるときはひどい負け方をする）
    34′   When he gets married, he will get married in a spectacular way.
           （結婚するときはすごいやり方で結婚する）

という解釈をする傾向があると言う。グライスの前提とする推論も言語文化によって異なるのだ。

　本章ではことばからコミュニケーションへと一歩踏み出た。間接的なメッセージがどのように伝わるか、ことばを用いるということがどのような意味で社会的なのかの一端を見ることができたと思う。ことば以上、ことば以外のメッセージである以上、グローバル・コミュニケーションでは文化の要素が入りやすい。グローバル・コミュニケーションにしろ通常のコミュニケーションにしろ、コミュニケーションの根本原理を理解しておくことが重要だ。

□　参　考　文　献　□

Austin, J. L.［1962 1st ed.］(1976) *How to Do Things with Words*. 2nd ed. Oxford University Press.（坂本百大（訳）(1978)『言語と行為』大修館書店.）

Blakemore, D. (1992) *Understanding Utterances: An Introduction to Pragmatics*. Blackwell.（武内道子，山崎英一（訳）(1994)『ひとは発話をどう理解するか』ひつじ書房.）

Gibbs, R. Jr. (1994) *The Poetics of Mind: Figurative Thought, Language, and Understanding*. Cambridge University Press.（辻幸夫，井上逸兵（監訳）(2008)『比喩と認知』研究社.）

Grice, H. P. (1975) "Logic and Conversation." In P. Cole and J. Morgan (eds.) *Syntax and Semantics, 3: Speech Acts*. Academic Press. Reprinted in S. Davis (ed.) (1991) *Pragmatics: A Reader*. Oxford University Press.

Leech, G. N. (1983) *Principles of Pragmatics*. Routledge.

Levinson, S. C. (1983) *Pragmatics*. Cambridge University Press.

Searle, J. R. (1970) *Speech Acts: An Essay in the Philosophy of Language*. Cambridge University Press.（坂本百大，土屋俊（訳）(1986)『言語行為――言語哲学への試論』勁草書房.）

Sperber, D. and Wilson, D.［1986 1st ed.］(1995) *Relevance: Communication and Cognition*. 2nd ed. Wiley.（内田聖二，中達俊明，宋南先，田中圭子（訳）(2000)『関連性理論――伝達と認知』研究社.）

Wierzbicka, A. (1987) *English Speech Act Verbs: A Semantic Dictionary*. Academic Press.

Wierzbicka, A.［1991 1st ed.］(2003) *Cross-Cultural Pragmatics: The Semantics of Human Interaction*. 2nd ed. Mouton de Gruyter.

■ 練 習 問 題 ■

1. Pass me the salt. ということを伝えるためのさまざまな英語の間接表現を考えてみよう。
2. I'm sorry. という表現の間接性と慣習的な使用法（解釈）について考えてみよう。
3. 慣習的な間接言語行為の例を考えてみよう。
4. テニスの試合などで、観客を静めるために審判などが "Thank you" と言ったりするが、これはどのようなプロセスで発語内の効力を持ちうるように解釈されるか考えてみよう。
5. 間接的な解釈が（文化や地域などで）異なる例を探してみよう（日本語の方言などでもよい）。

11. ポライトネス

11-1 ポライトネス研究とは

　ポライトネス（politeness、丁寧さ）研究を考える際に注意すべきことは、ポライトネスをたんなる「丁寧表現」の研究と考えないことだ。

　英語は、日本語の敬語のように高度に組織化された「ポライトネス」を表す形式を持っていない。英語学、欧米の言語学で対人的な関係や配慮を反映する語彙や表現に焦点を当てるようになったのは比較的最近のことだが[1]、それは日本語の敬語のように対人的配慮を示す形式的な言語資源が、そもそも英語などには少ないからと見ることができる。

　それゆえに、英語学、言語学におけるポライトネス研究は、言語の形式的な側面に限らず、ことばを介して対人的な配慮を表示したり対人関係を構築したりする営みを包括的に論じる分野である[2]。より根源的な人間の言語行動という側面と、特定の言語文化に固有と思われる側面の両面が扱われる。

　次の1組の文（発話例）を見てみよう。

1a. Excuse me, Mr Buckingham, but can I talk to you for a minute?
1b. Hey, Bucky, got a minite?

---

1 例えば、ヨーロッパの多くの言語に見られる2人称代名詞の単数形と複数形（フランス語の *tu* と *vous* など）が親疎の別を表す事象を論じた Brown and Gilman（1960）や、アメリカ英語における呼称を論じた Brown and Ford（1961）などがある。
2 「ポライトネス」というカタカナ表記は、「丁寧さ」という日本語が想起しやすい、より狭義の丁寧表現だけを指すことを避けるよう意図したものである。

(Yule 1996)

　一般には 1a. の方が「丁寧」だと考えられるだろう。たしかに 1a. は形式的に「丁寧」な表現だ。しかし、それがいつも相手を気持ちよく思わせる言い方とは限らない。もし自分ではすでに親しい間柄だと思っていた相手に 1a. のように言われたら、何となく冷たく扱われている気はしないだろうか。あるいは、なかなかドアをあけてくれない相手に、皮肉を込めてこのように言うかもしれない。それに比べて 1b. の方は一見「ぞんざい」な言い方ではある。しかし、もし相手と仲間意識があるならば、あるいは仲良くしたいと思っているならば、仲間意識を確認し、強化し、親しみを感じて、むしろ「心地よく」感じることもあるだろう。形式的には 1a. の方が「丁寧」だが、状況や相手によっては、「心地よさ」や「気持ちよさ」という点で 1b. の方が好ましいこともある。

　このような事象を包括的に捉えて論じようとするのが、ポライトネス研究である。つまり、言語表現が対人関係を構築したり、維持したり、ときには脅かしたりするありようを材料として、それを取り巻くコンテクストや、コミュニケーション上の諸要因との関わりで言語事象を研究する分野である。いわゆる丁寧表現はその（ほんの）一部なのだ。

11-1-1　協調の原理から見たポライトネス

　まずは、グライスの協調の原理の格率が相手への気づかいからわざと違反される例を取り上げてみよう（大文字は強勢を表す）[3]。

2.　A：We'll all miss Bill and Agatha, won't we?
　　B：Well, we'll all miss BILL.

3　以下の議論は Leech（1983）にもとづいている。

AはBに自分の意見への同意を求めているのであるが、Bは部分的にしか同意していない。Agathaについては無視している。この場合、暗に意味されることは「アガサについては皆が寂しがるとは限らない」ということになるだろう。もしBがアガサに対してもビルと同様皆が寂しがると思うなら、Bの発話は十分な情報を与えておらず量の格率に反することになるので、そのような含意が生まれると考えられる。

ここで注意したいのは、もしBが「でもアガサについては寂しがらない("but not Agatha")」と言いたいなら、そう付け加えてもよさそうだということだ。少なくともそう付け加えたとしても、必要以上のことを言ったことにはならないだろう（量の格率には違反しないだろう）。しかしながら、Bはそうは言わなかった。なぜだろうか。おそらくそう言うことによって無礼であるという代価を支払わねばならなかったからであろう。「アガサがいなくても寂しくない」ということ（内容）はアガサにとって好ましくないことであるし、ひょっとするとAにとってもそうかもしれない。だから少なくともはっきりとは言わなかった（言えなかった）のである。つまり、グライスが言うような協調の原理、およびその格率はこのように他者への丁寧であろうとする気づかいと衝突してしまう可能性のある関係にあり、そしてしばしば気づかいが優先されるのである。

11-1-2 リーチのポライトネスの原理

リーチ（Geoffery N. Leech 1936-2014）は、グライスの協調の原理を補完する形で**ポライトネスの原理**（Principle of Politeness）を立てることで、より説明の範囲を広げようとした。それによって、協調の原理ではうまく処理できないような現象を説明しようとしたのである。

リーチの考えでは、そもそも言語表現やその運用のガイドラインとなる格率とは別の次元にいくつかの尺度がある。例えば、行為指示型の言語行為で作用すると考えられる「負担―利益」は以下のようなものである。次の6つの文はいずれも文法的には命令文であり、形式は同じである。しかし、上ほ

ど相手にとっての負担（cost）が大きくなり、下ほど逆に聞き手の利益（benefit）が大きくなる。

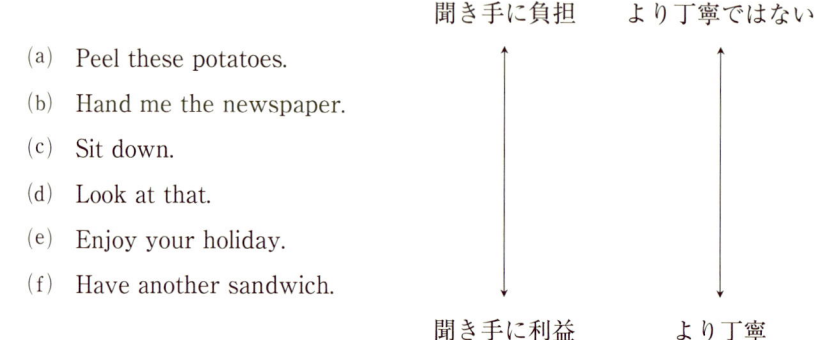

         聞き手に負担　　より丁寧ではない

(a)　Peel these potatoes.
(b)　Hand me the newspaper.
(c)　Sit down.
(d)　Look at that.
(e)　Enjoy your holiday.
(f)　Have another sandwich.

         聞き手に利益　　より丁寧

状況や聞き手との関係にもよるが、この「負担—利益」という尺度のどこかのある点から、「聞き手にとって負担」から「聞き手にとって利益」に変化する。普通は、ジャガイモの皮をむくことに比べれば新聞を取る方が容易であり、頼みごとでも、相手への負担が大きいほど言いづらくなる。そして当然相手の負担が大きいほど、普通は相手に対して言いづらいことであり、より無礼だと感じられる（言いづらいということは、それだけ社会的プレッシャーがかかっているということだ）。文法的な形式が同じとされるものでも負担か利益かによって丁寧さの度合いが異なってくるわけである。つまり、表現以前に丁寧さがたんに表現の問題にとどまらないことを示す一例である。

 リーチのポライトネスの原理とは、「(ほかの条件が等しければ) 礼儀にかなわない (impolite) 信念の表明を最小限にせよ」、あるいは「(ほかの条件が等しければ) 礼儀にかなった (polite) 信念の表明を最大限にせよ」というものであるが、グライスの協調の原理と4つの格率というモデルと同様に、このポライトネスの原理を大原則としてそのもとに次のような格率があるとされる。

(1) 気配りの格率（Tact Maxim）
　　a. 他者への負担を最小限にせよ［b. 他者への利益を最大限にせよ］
(2) 寛大さの格率（Generosity Maxim）
　　a. 自己への利益を最小限にせよ［b. 自己への負担を最大限にせよ］
(3) 是認の格率（Approbation Maxim）
　　a. 他者への非難を最小限にせよ［b. 他者への賞賛を最大限にせよ］
(4) 謙遜の格率（Modesty Maxim）
　　a. 自己への賞賛を最小限にせよ［b. 自己への非難を最大限にせよ］
(5) 同意の格率（Agreement Maxim）
　　a. 自己と他者との意見の不一致を最小限にせよ
　　［b. 自己と他者との意見の一致を最大限にせよ］
(6) 共感の格率（Sympathy Maxim）
　　a. 自己と他者との反感を最小限にせよ
　　［b. 自己と他者との共感を最大限にせよ］

　いくつかの格率の運用について、簡単な例で見てみよう（†はポライトではないことを示す）。

　　3a.　†You can lend me your car.
　　3b.　I can lend you my car.
　　4a.　You must come and have dinner with us.
　　4b.　†We must come and have dinner with you.

　気配りと寛大さの格率によって 3a. と 4b. がなぜ無礼に感じられるかが説明できる。車を借りる人、食事をごちそうになる人は（それが負担になるような事情がない限り）利益を得るのであり、車を貸す人（自分が不便を被るかもしれないから、などの理由で）、ごちそうをする人（食事を用意しなくてはいけないから、などの理由で）は、負担をもたされることになるのである。

是認と謙遜の格率は以下のような発話の丁寧さと無礼さとを説明することができるだろう。

5a. A：Her performance was outstanding !
　　B：Yes, wasn't it !
5b. A：Your performance was outstanding !
　　B：†Yes, wasn't it !

5a. は積極的に他者を賞賛しているために、快く受け入れられる程度に丁寧であり、5b. は自己を賞賛することになるために丁寧とは感じられないのである。

　リーチのモデルは、原理とそのもとにある格率というグライスになぞらえた構成となっているが、ほかの原理や尺度も含めて考えると、それらがややアドホックに積み重ねられている印象は拭いきれない。これが、次項で取り上げるブラウンとレヴィンソン（Brown and Levinson）のモデルとの大きな相違点でもある。また、2つ以上の格率が衝突する場合にどのような処理がなされるかについても、明確な指針が与えられていない。5b. の対話のBの発話は、謙遜の格率に違反するために丁寧ではないとされるが、同意の格率には抵触しない。賛辞を受けたときに（日本なら謙遜の格率が優先するかもしれないが）謝辞とともにそれを受け入れることは、リーチの言語文化的背景にあるはずのアングロ・サクソンの文化においても不自然ではないはずである。

11-2 ブラウンとレヴィンソンの面目モデル

　前節の例文(1a、1b.)で取り上げた丁寧さの違いをもう1度考えてみよう。1a. は主に形式であること、控えめであることによって丁寧であろうとするような発話であり、1b. は親しみを表すこと、遠慮は無用であるということ

で、広い意味での丁寧さを表している。ブラウンとレヴィンソン（Penelope Brown and Stephen C. Levinson）という言語学者たちは、基本的に人間はこの2つに対応する願望を合わせ持っていると考えて、言語行動を説明しようとした（Brown and Levinson 1987）。簡潔に要約して言えば、1つの丁寧さは相手の領域を侵害しないこと、相手と隔たりをつくることによって敬意を表すものであり、もう1つは相手をよいと認めたり、相手に親密さを表したりすることによる丁寧さである。

　ブラウンとレヴィンソンはこの願望を、ゴフマン（Erving Goffman 1922-1982）という社会学者が取り上げて論じた**面目**（face）という概念を用いて説明している[4]。面目とは、他者との関わりによって満たされたり脅かされたりする願望であり、公的な自己イメージである[5]。先の区別と同様、1つの面目は人に邪魔されたくない、何かを強制されたくないという願望、つまり自らの独立性を保ちたいという願望であり（**消極的な面目**（negative face）と呼ぶ）、もう1つは人によく思われたい、人と仲良くしてもらいたいという願望、つまり人との連帯を得たいという願望である（**積極的な面目**（positive face））。丁寧さとはこれらの願望を満たす行為である、とブラウンとレヴィンソンは考える。ここでは前者の消極的な面目を**独立**（independence）の面目、願望、および丁寧さ、後者の積極的な面目を**連帯**（solidarity）の面目、願望、丁寧さと呼ぶことにしよう[6]。

　これら2つの願望はどの文化でも普遍的に見られる基本的な側面と、実際にことばにどう表れるかはさまざまであるという、より個々の言語文化固有の側面があり、グローバル・コミュニケーションにおいては、後者は**ミスコミュニケーション**（miscommunication）の1つの要因にもなりうる。それについては後述することにしよう。

---

[4] これもやはり言語学の外だ！
[5] ゴフマンよりブラウンとレヴィンソンにおける議論の方が「面目＝願望」ということが強調されている。
[6] negative、positive をそれぞれ「わるいもの」、「よいもの」と誤解されることを避けるためでもある。

この独立の願望と連帯のそれとは、実は常に表裏一体のものである。連帯と独立を求める願望のどちらが優先されるかという比重の違いは個人的にも文化的にもあると思われるが、一般的にどの個人もその両方を持っていると考えるべきだろう。

　この2つの願望は常にどんなコミュニケーションにも付きまとってくる。例えばある人がある街角でたまたま立っていたとしよう。その人とはさほど親しくもないが、一応名前はお互いに知っているくらいの間柄だとする。そういう状況でその人に話しかけようかどうか迷うとすれば、この2つの願望（面目）のバランスにおける迷いだ。話しかけることによって相手は煩わしく思うかもしれない、迷惑かもしれない、あるいは自分自身が煩わしいと思うかもしれない。つまりその人あるいは自分自身の独立を重んじるというのが1つの選択である。もう一方では話しかける方がその人に親しさを示せるから相手もきっと喜ぶ、あるいは自分自身がその人と話したい、ひょっとするとこれを機会にもっと親しくなるかもしれない、という連帯の願望を重んじるという選択である。

　端的に言えば、誰かに話しかけるという行為自体がこの両面に関わってくるのである。すなわち、話しかけるということそれ自体で、相手を自分との会話に巻き込むわけであるから、場合によっては相手および自分の独立の願望が脅かされるリスクがあり、それと同時に話しかけることによって対人的な関わりができるわけだから、連帯の願望を満たす行為となるのである。逆に話しかけなければ、独立の願望を尊重することになり、同時に連帯の願望は満たされないことになる。われわれはこの独立と連帯とのバランスの上で対人関係を営んでいる。それは「親しげ」と「馴れ馴れしい」、「礼儀正しい」と「よそよそしい」のバランスであり、人はたまに見誤って失敗もする。

　ブラウンとレヴィンソンのこのポライトネスのモデルは、この分野において賛否両論を含めたほとんどすべての議論において土台とされる、最も有力かつ説得力のあるモデルであると言ってよい。このモデルの普遍性に対しては、さまざまな言語文化の事例からしばしば反論が試みられるが、それは見

方を変えれば、異文化間のポライトネスの比較研究がこのモデルを基礎として展開している証でもある。また、新たな理論的な展開も、後に見るように、このモデルを乗り越えようとして生み出されてきていると言っても過言ではない。

発話は潜在的に、**面目を脅かす行為**（Face Threatening Acts、しばしばFTA と略される）という側面を持っており、その例として次のような言語行為があげられている。

(ⅰ) 聞き手の独立の面目（negative face）を脅かす行為：命令、忠告、脅迫など
(ⅱ) 聞き手の連帯の面目（positive face）を脅かす行為：不平、非難、反論など
(ⅲ) 話し手の独立の面目を脅かす行為：申し出の受け入れ、謝辞の受け入れ（自分の相手への好意を過小評価することになるので）、気の進まない約束など
(ⅳ) 話し手の連帯の面目を脅かす行為：謝罪、ほめことばの受け入れ（謙遜しなければならない拘束が生まれるため）、告白（英語では confessで、この語はどちらかと言うと否定的なことを打ち明けるのに使う。カトリックなどの懺悔もこれにあたる）など

われわれは常に面目を失う（失わせる）危険性（**面目リスク**（face risk））を計算し、**ポライトネスの方略**（politeness strategy）を選択している。一般に、危険性が高いほどポライトネスの方略の必要度が高い。危険性があまりに高ければFTA は行使しない（何もせず、関わらない）。

行使すると決定してもリスクが高いと判断するなら、**オフレコードの方略**（off-record strategy）を選択することもありうる。オフレコードの方略とは、一義的に解釈されない、すなわち発語内の効力がそれとして解釈されない可能性のある表現方法である。「お金を貸してください」は「依頼」として一義

的にしか解釈されないが、「誰かお金貸してくれる人いないかなあ」や「お金を貸してくれる人を探してるんですけどね」などとオフレコードの方略を用いれば、聞き手はそれを、少なくとも自分への依頼として解釈する必要はなく、無視することができる。また、そう言われた相手が「すみません。今あまり持ち合わせがないんですよ」と依頼として解釈したとしても、「いえいえ、あなたに借りようと思ったわけではないんです」と、話し手自身が発語内の効力を否定することができる。つまり、その方が逃げ道を持っている分だけ、面目への脅威は低いと考えられるわけである。

　一方、**オンレコードの方略**（on-record strategy）は、発語内の効力がそのまま一義的に解釈される方策である。場合によっては直接的すぎるので、**補正行動**（redressive action）をそれに加えるかどうかの選択を行う。面目リスクが低い場合（例えば、緊急を要したり、力関係が明白である場合）は、補正なしで、すなわちあからさまに FTA を行使することができると考えられる。生命の危険が迫っていれば、見知らぬ人に「助けて！」と言っても無礼とは考えられにくい。

11-2-1　連帯のポライトネス方略

　補正行動は面目のどの面を強調するかで、独立重視か連帯重視かのいずれかの形態を取る。連帯の方略、すなわち積極的な面目に対する方略（positive politeness strategy、**連帯のポライトネス方略**）は、要約すれば、

(1)　対話者への関心の表示
(2)　話者間の共通点（**共通の基盤**）への言及
(3)　無遠慮な関係を強調

ということになろう[7]。ただし、これらに明確な境界線があるわけではない。

7　Brown and Levinson（1987）では positive/negative ともに politeness strategy が十数タイプあげられている。ここではそれをまとめた。

いくつか例をあげてみる。

(1) 対話者への関心の表示

 ⅰ) *I know you love roses* but the florist didn't have anymore, so I bought you geranium instead.
 ⅱ) *You must be hungry, it's a long time since breakfast.* How about some lunch?

ⅰ)においては、「あなたがバラを好きなのは知ってるけど」ということで、相手の連帯の願望（面目）を満たそうとしており、ⅱ)でも「朝ごはんからずいぶん経ってお腹が空いているにちがいない」と言うくらい、あなたのことをわかっていますよ、とやはりこちらも連帯的な方略になっている。

(2) 話者間の共通点（共通の基盤）への言及

 ⅰ) Now, have *we* taken *our* medicine?（医者から患者に）
 ⅱ) Black I like. *I used to wear it more than I do now, I very rarely wear it now. I wore a black jumper, and when I wear it my Mum says 'Ah', she said. But Len likes it, he thinks it looks ever so nice and quite a few people do. But when my Mum sees it she said, 'Oh it's not your colour, you're more for pinks and blues.'*
 ⅲ) Got *any* Winstons?

ⅰ)においては、薬を飲むのは患者だけであることは明白だが、医者がwe、ourと言うことで、この薬も、あなたの病気もいっしょに取り組んでいることですよ、と連帯的に言っている。ⅱ)の話者の言いたいことは、要するに「自分は黒が好きだ」ということにすぎない。要点だけならそれで済む。し

かしいろいろと多弁になっていることで、相手との共有感覚を生み出しているのである。**多弁**（verbosity）であることには、情報を多く共有するという意味と時間を多く共有する（たくさん話せば時間がかかる）という意味の両方で**共通の基盤**（common ground）を生み出すことになる。遠慮すべき相手と判断すれば、「手短に」話そうとするのが普通だ。iii）は省略語を用いたり、**ジャーゴン**（jargon、隠語、専門用語、業界用語）を用いるということだ。省略語やジャーゴンを用いるということは、お互いがそれに通じているということを意味し、共通の基盤を主張することになる。

ただし、グローバル・コミュニケーションのみならずコミュニケーション全般に注意せねばならないのは、連帯の裏返しはこの場合**排除**になりかねないということだ。3人の人がいて、2人にしか通じないジャーゴンを用いれば、もう1人は疎外感をおぼえるに違いない。この場合、連帯と排除は表裏一体なのである[8]。

(3) 無遠慮な関係を強調

　　ⅰ） I'll drop by sometimes next week.
　　ⅱ） You'll lend me your lawnmower for the weekend, won't you.
　　ⅲ） How about lending me this old heap of junk?
　　　　（新車で会いに来た友人に）

ⅰ）もⅱ）も、遠慮なく、立ち寄ったり、芝刈り機を借りることが当然であるように言うことで、連帯感覚を生み出している。ⅲ）は無遠慮の表明でもあり、「このポンコツ貸して」という**冗談**（joke、ジョーク）でもある。冗談は

---

[8] その意味で、日本のお役所ことばにカタカナ語を乱用するのはそれがわからない高齢者などを排除することになる。カタカナ語が問題なのは、意味がわからないことだけではない。連帯と排除の構造を社会に作り出してしまうことこそより問題である。ビジネスカタカナ語の同様の問題については、井上逸兵『バカに見えるビジネス語』（青春新書インテリジェンス）などを参照のこと。

連帯の方略の代表的な1つである。

11-2-2 独立のポライトネス方略

　一般に、補正方略の選択としては面目リスクが低い方が連帯のポライトネス方略を用いる傾向があるだろう。連帯は親しさの表明を含意し、それは行きすぎると「馴れ馴れしさ」につながる危険性がある。この2つの選択では面目リスクが高い場合の方が、独立の方略、すなわち消極的な面目に対する方略（negative politeness strategy、**独立のポライトネス方略**）を選ぶ。これも明確な境界線があるわけではないが、要約すれば、おおよそ次のようになるだろう。

　　(a)　押し付けない
　　(b)　距離を置く
　　(c)　形式的に振る舞う[9]

いくつか例をあげてみよう。ただし、これらも明確な境界線があるわけではない。

　　(a)　押し付けない

　　　ⅰ) I just want to ask you if I can borrow a tiny bit of paper.
　　　ⅱ) A swing is sort of a toy.
　　　ⅲ) Can you post this letter for me?

9　ジェンダーと言語の研究で知られる、ポライトネス研究の先駆者ロビン・レイコフ（Robin Lakoff 1942-）は、(1) Don't impose、(2) Give options、(3) Make others feel good の3つを politeness rules としている。ここでの独立の方略について言えば、相手の独立性に配慮する方略(a)と形式的に振る舞う(c)とを区別するモデルを提案していることになる。(b)はその両方の側面を持っていると思われる。

ⅰ)は「紙をくれ」と言っているのだが、お願いすることも控えめに、紙も a tiny bit of と少なめに、「くれ」と言わずに「借りる（borrow）」と（表面上）相手の負担を軽めに言うことで、**押し付け**（imposition）を弱めているのである。ⅱ)の sort of（「～のような」、「みたいな」）のように、断言を避け、主張を弱めるような表現を**ヘッジ**（hedge, 垣根ことば）と言うが、ここでも見解を押し付けないよう（まあ、おもちゃかな、くらいに）にしている。ⅲ)は英語の典型的な間接言語行為で、これも相手の独立を尊重し、押し付けを弱めているのである。

(b) 距離を置く

ⅰ) I'm sure you must be very busy, but ...
ⅱ) I hate to bother you, but ...
ⅲ) I'd be eternally grateful if you would ...

いわゆる遠慮がちな表現群で、次の(c)にも通じることだが、しばしばこの種の表現には定式的なものが多くある。(c)と区別するとすれば、こちらは個人的に遠慮を表明する形になっている。

(c) 形式的に振る舞う

ⅰ) Passengers will please refrain from flushing toilets on the train.
ⅱ) International regulation requires that ...

(b)に比べると、こちらは**非個人化**（impersonalization）するのが特徴で、ルールや慣習を一般的な要請のように持ち出すことで、相手への面目の脅かしを弱める方略である。「私とあなた」の関係ではなく、個人的に相手の独立を侵害するつもりではないことを言っているのである。

11-2-3 面目モデルの汎用性

　もちろん、これらの方略は、どのような状況やコンテクストでも同じように機能するわけではない。このモデルでは、方略の選択の際に必要とされる丁寧さの程度を、3つの独立した、文化によって異なる変数によってFTAの大きさを算定することで決定するとされる。すなわち、(i)話し手と聞き手の社会的な距離（D）、(ii)話し手の聞き手に対する相対的な権力（P）、(iii)その文化における押し付けのランク（R）の3要素である。FTAの重さ（Wx）は、Wx＝D(S, H)＋P(H, S)＋Rxという式によって計算される（Sは話し手、Hは聞き手を表す）。

　ブラウンとレヴィンソンのこのモデルは、言語表現のみならず、言語行動、非言語行動を包括的に説明できるという汎用性、一般性の高さという点で優れていると言えよう。例えば、八百屋に言う、

6a.　きゅうり3本ください。
6b.　きゅうり3本ほどください。

の「ほど」のような、丁寧表現とは普通は考えられない要素も、それによって「3本ほしいけど、2本でも、4本でも、八百屋さん、あなたに委ねますよ」という八百屋の独立の面目を尊重した方略であるがゆえに、6a. より 6b. の方が丁寧であると感じられることを説明できる。

11-2-4 社交的な会話でなぜ天気が話題に選ばれるか

　前章を含めてこれまでの話をまとめて考えると、社交的な会話で「今日はいい天気ですねえ」などと天気のことが話題（topic）として選ばれるのがなぜなのかがわかるだろう。このような発話は情報を伝達しようとしているわけではないことは明白である。いい天気かどうかは普通なら言わなくても相手もわかっていることだからである。「いい天気ですね」と言われて「そんな

こと言われなくてもわかってる！」と言い返す人もいないだろう。

　これはことばを交わすこと自体に意味があり、話の内容はそれほど重要ではないと考えられている（あるいはほぼ無意識に）。このようなやりとりを**交話的コミュニケーション**（phatic communion、または phatic communication）つまり、話しかけてことばを交わすことによってお互いの連帯の願望を満たそうとしているわけだ。

　その際会話の内容はさほど重要ではないとは言っても、やはり何でもよいわけではない。「ゆうべは朝帰りでしたね」と個人的に立ち入ったことを言うのは、独立への脅かしとなるから危険である。また、さほど親しくないのに「髪の毛が薄いですねえ」とか「ちょっと太りすぎですよ」と話しかければ、ムッとされるか場合によっては喧嘩になる。個人的なことでもあるし、相手にとって好ましくない話題を持ち出すことは連帯の願望（よく思われたいという願望）への重大な脅威でもある。

　巨人ファンかどうかもわからないのに、「きのうは巨人が勝ってよかった」と言うのも危険である。同意を得やすいような話題を選ぶ方が連帯の願望への配慮になりやすい。天気のことなら反論されることもなければ、オフレコードの方略的に違った解釈を生むことも少ない。「よく降りますね」と雨を呪っても、別にそれは誰のせいでもないから誰かを非難しているという解釈はされにくい。

　同意が得やすければよいというわけでもない。毎朝会って開口一番、「三角形の内角の和は180度ですねえ」と話しかけていれば、やがて友だちを失っていくだろう。たしかにそれは事実であり（つまり質の格率に違反していない）、内容的には同意を得られることかもしれないが、その場には関連がない（関連性の格率に反する）のである。

　立ち入ったことではなく、反論される可能性が少なく、しかも関連性があることとなると話題はだいぶ限られてくる。そして天気が話題として適当なのは、ある程度誰にとっても関心のあることであり、ある程度誰の生活や気分にも影響のあることであるから、多少なりとも論ずるに値すると感じられ

るからである。さらに、天気は同じ地域に住んでいれば同じであるから、共通の基盤を主張することになる。これらはいずれも連帯を高める結果をもたらしやすい。われわれはこのような配慮をふだん半ば無意識的にやっており、習慣付けられているのである。

11-2-5 ポライトネスと適切性

　ブラウンとレヴィンソンのこのモデルに対しては、大別して2種類の批判的な議論が展開されている。1つは、彼（女）らはこのモデルの普遍性を主張するが、実際はアングロ・サクソン的なモデルではないか、という疑義からの非欧米、非アングロ・サクソンの事例にもとづいた普遍性への問いであり、今1つは、丁寧さのモデルにおける意図的な方略という側面への偏重に対する問題提起であった。もちろん、この2つの議論は相互に関わりを持っており、同時に論じられることも多い。前者についてはグローバル・コミュニケーションにとって重要な問題であるので、次項以降で論じることにして、まずは後者の議論をいくつか見てみよう。

　ブラウンとレヴィンソンのモデルは、意図的な方略というポライトネスに重きが置かれすぎており、それはポライトネスのある一面にすぎないという主張がさまざまな形でなされてきた。ポライトネスには、適切性、社会文化的な期待、慣習、規範への一致という側面がある。敬称や日本語の敬語の使用など、その場において適切とされる言語使用などもここに含まれる。これらは、「丁寧さ」というより**敬意** (deference) と呼ぶのが適当であるという議論もある。

　Ide (1989) や井出 (2006) は、**働きかけ** (volition) と**わきまえ** (discernment) という概念を用いて、ポライトネスのこの2つの側面を論じている。ブラウンとレヴィンソンの言うような方略的なポライトネスは前者に属し、社会的な慣習にしたがって丁寧な振る舞いをすることは後者に属するとされる。わきまえにしたがって振る舞うことは、ある状況において社会の慣習にしたがって自らの立場や役割を言語的ないし非言語的に示すことである。そ

れに対して働きかけは話し手がその意図に応じて能動的に選択を行う丁寧さの側面であるが、ブラウンとレヴィンソンのモデルはそれに傾きすぎていると批判する。

そのほかにも、Fraser（1990）の、会話の参与者が義務と権利の一種の契約関係を持って会話を営んでいるという「会話の契約」（Conversational Contract）のモデルや Watts（2003）の、適切な言語行動はその場その場のやりとりの中で創発する社会的制約という視点を示した「分別ある行動（politic behavior）」という概念も同じ流れのポライトネス観であろう。

11-2-6 グローバル・コミュニケーションにおけるポライトネス

独立の願望と連帯の願望は基本的にはどの文化に属する人でも持っていると考えてよいだろう。しかし、同じような状況でもある文化においてはどちらか一方が強く働いたり、文化によってそれぞれの願望の表れ方が異なったりするという事例が数多く報告されている。このような文化的なポライトネス観の異なりはグローバル・コミュニケーションにおいてしばしば問題となる。

前章で見たヴィアツビッカのポーランドの事例もその1つと見てよいだろう。間接的な表現が丁寧であるのはポーランド語には当てはまらないということをすでに見た。

Matsumoto（1988）では、日本語固有の言語使用の慣習は、ブラウンとレヴィンソンのモデルでは説明できないことを論じている。「よろしくお願いします」のような慣用句は、字義的には依頼という言語行為なので、相手の独立の面目を脅かすはずだが、日本語では、相手を頼るべき立派な人物として扱っているという含意を生み、むしろ相手の連帯の面目を満たす言語行為と考えられる。

Schiffrin（1984）は、ユダヤ人の社会では社交的な会話でしばしばわざと相手に反論をすることを論じている。ブラウンとレヴィンソンの枠組みでは、反論することは、相手のよいイメージに打撃を与え、意見を共有しないこと

になるので相手の連帯の願望を脅かすことになるはずだが、ユダヤ人同士では反論は相手に好意的に関心を持っていることを示すことになり、むしろ相手の連帯の願望を満たすことになる。反論をしなければ、その人には興味がない、言っていることがつまらないという態度になるという[10]。

英語のネイティヴ・スピーカー（アメリカ人）とノンネイティヴ・スピーカー（ベネズエラ人）との英語による謝罪行動についてなされたガルシア（Carmen Garcia）の実験的調査によれば（Garcia 1989）、アメリカ人の方が独立の方略を用いることが多く、一方ベネズエラ人は連帯の方略を好む傾向があるとされている。この実験では聞き手（謝罪される側）はアメリカ人であったが、ベネズエラ人の連帯の方略による謝罪に不快感を示したという。

ほかにもポライトネスの文化的な異なりに関する議論は多数あり（Y. Kachru and Smith (2008) など）、それらではこのモデルやリーチのモデルがいわば尺度として用いられている。また、ジェンダーの問題との関わりで論じられることも多い（Lakoff 1975、Holmes 1995、Coates 1998）。

11-2-7 謙遜の文化的な異なり

謙遜（modesty）は日本の専売特許と思われがちだが、必ずしもそうではない。英米人も謙遜をする。ただ、謙遜の仕方と原理が異なっているのだ。日本的な謙遜は、基本的に自分を下げることで、相対的に相手、他者を上げるというのが一般的な原理だ。一方、英語圏の社会では、**ほめ**（compliment）は、その受け手はそれを否定して謙遜するよりも感謝するか喜びを表して受け入れることが一般的である。ここで作用している英米固有の文化的前提は、お互いが独立しているということから派生した**対等主義**（egalitarianism）というものだ。対等であることが、**規範**（norm）であり、「普通」の状態というタテマエである。したがって、日本の謙遜の基本である自己卑下（self-deprecation）は、いわば「普通ではない」行動で、日本の一般的な含意

---

[10] 社交的な反論と喧嘩になるような反論の区別は、相手の自我を攻撃するかどうかだと言う。

とは異なった含意を生むだろう。したがって、日本で贈り物をする際の伝統的な定型句は、

> 7. つまらないものですが……

だが、対等主義の文化ではこれは「普通」ではない[11]。ブラウンとレヴィンソンのあげる例は、一見7.と同様に自分のプレゼントを卑下しているので、日本によく見られる謙遜と同じように見える。

> 8. It's not much, it's just a little thing I picked up for a song in a bargain basement sale in Macy's last week, I thought maybe you could use it.

7.のような典型的な日本的謙遜は、自分を低めることによって相手を高めるものだが、これは自分の提供するものが相手の水準に達しない（そういう意味で「つまらない」）ということを暗示している。しかし8.の例はむしろ相手に与えた恩恵（Macy's（比較的大衆向けのデパート）のバーゲンで買ってきてあげたもの）がそれほど大したものではないことを言うことによって対等のバランスを保とうとしていると考えられる。単純化して言えば、日本の典型的な謙遜は相手や他者よりも自分を下げる謙遜だが、英米の典型的な謙遜は相手より上げられすぎたとき、対等まで降りてくるという謙遜である。

　日本でも比較的親しい間柄の者同士では対等に振る舞うが、英米の文化ではそれほど親しくなくてもしばしば対等であろうとすることが丁寧だと考えられるようである。日本の飲食店では「お客様は神様」だが、英米やそのほかのヨーロッパの国ではウエイター、ウエイトレスにも対等の人間として振る舞おうとする傾向がある。客であっても彼（女）らに挨拶するし、"please"、"thank you" と言うのが普通である。

---

[11] 最近は、日本でもこのような過度な自己卑下は避けるようになっているようだ。

11-2-8 独立とエンパシー

　また、非言語的な行動に関しても、ポライトネスの原理は作用している。アメリカ人の家庭にホームステイしているある日本人学生がその家の人からある誘いを受けたが、1度は遠慮して断ったために、それ以上誘ってくれなかった、というたぐいの報告は多い（その日本人からすれば、「1度しか誘ってくれなかった！」は「2、3度誘われれば応じようと思っていたのに！」というところだ）。

　典型的な子育てにもこれが表れているようだ。日本の子育てでは、「思いやり」、「人の気持ちを考える」、など人の立場に立って考える、すなわち**エンパシー**（empathy）が大切にされる。「そんなことしたら○○ちゃんがかわいそうでしょ！」とか「そんなことしたら恥ずかしいよ」など、他者視点で自らの行動を律するよう求められることも多い。一方、典型的なアングロ・サクソンの子育てや教育では、自分の思うことをきちんとことばで表現することが重要視される。独立的なコミュニケーションと言える。「人の立場で考える」ことは場合によっては、相手の独立の領域への侵害になってしまう。

　よく「アメリカ人は自己主張が強い」と言われるが、アングロ・サクソンでは独立的で相手の領域に踏み込まないことがタテマエになっているのに、なぜそう言われるかもこれまでの議論で読み解くことができるだろう。アングロ・サクソンの文化では、独立に対する尊重の度合いが高い。したがって、自分の意見や考えや好みを表明することには抑制がかかりにくい。お互いがお互いの独立を尊重しているので、自分の独立の面目だけではなく、相手の独立の面目も守ろうとするからである。ところが、エンパシーの文化では、自分の意見や考えを表明することによって他者に与える影響まで考える傾向がある。つまり、自分の意見を言うことに抑制がかかりやすい。そういう文化では、自分の意見を言うだけで、「自己主張が強い」という印象を持たれやすい。

11-2-9 グローバル・コミュニケーションのポライトネス問題

　グローバル・コミュニケーションの視点に立てば、このようなポライトネスに対する認識の違いはさまざまな問題となりうるだろう。

　Scollon and Scollon (1995) は会話の参与者の面目に対する見積もりが異なっていると力 (power) の差として認識される傾向があることを指摘している。連帯の方略は、行きすぎたり、不適切だと、「馴れ馴れしい」だけでなく力の表明（上下関係で上に立とうとする）と解釈される可能性がある。

　次章で述べることも同様だが、ポライトネスに関わるミスコミュニケーションはしばしば感情的な問題になりやすい。ある文化において一方のポライトネスの方略が予期される場面で、もう一方の方略を用いてしまえば、不要な誤解を招くことになろう。

　ポライトネスは、グローバル・コミュニケーションのみならず、一般的なコミュニケーションにおいても、言語を介した人間関係の根本に関わる事象である。ブラウンとレヴィンソンが主張するように普遍的である側面と言語文化ごとに慣習化されたポライトネスの運用も理解することが、グローバル・コミュニケーションの視点からは重要である。

□　参考文献　□

〈日本語〉

井出祥子（2006）『わきまえの語用論』大修館書店.

滝浦真人（2008）『ポライトネス入門』研究社.

〈英語〉

Brown, R. and Ford, M.（1961）"Address in American English." *Journal of Abnormal and Social Psychology*, 62. pp. 375-385.

Brown, P. and Levinson, S. C.（1987）*Politeness: Some Universals in Language Usage*. Cambridge University Press.（田中典子（監訳）（2011）『ポライトネス——言語使用における、ある普遍現象』研究社.）

Brown, R. and Gilman, A.（1960）"The Pronouns of Power and Solidarity." In T. A. Sebeok（ed.）*Style in Language*. pp. 253-276. MIT Press.

Coates, J.（ed.）（1998）*Language and Gender: A Reader*. Blackwell.

Davis, S.（ed.）（1991）*Pragmatics: A Reader*. Oxford University Press.

Fraser, B.（1990）An Approach to Discourse Marker. *Journal of Pragmatics*, 14. pp. 383-395.

Garcia, E.（1989）"Instructional Discourse Style of an "Effective" First Grade Teacher in a Hispanic Classroom." *Early Child Development and Care*, 38. pp. 119-132.

Holmes, J.（1995）*Women, Men, and Politeness*. Longman.

Ide, S.（1989）"Formal Forms and Discernment: Two Neglected Aspects of Universals of Linguistic Politeness." *Multilingua*, 8. pp. 223-248.

Lakoff, R.（1973）*The Logic of Politeness: Minding Your P's and Q's*. Chicago Linguistic Society.

Lakoff, R.（1975）*Language and Women's Place*. Harper and Row.

Leech, G. N.（1983）*Principles of Pragmatics*. Routledge.

Matsumoto, Y.（1988）"Reexamination of the Universality of Face: Politeness

Phenomena in Japanese." *Journal of Pragmatics,* 12. pp. 403-426.
Schiffrin, D. (1984) Jewish Argument as Sociability. *Language in Society,* 13. pp. 311-335.
Scollon, R. and Scollon, S. W. [1995 1st ed.] (2011) *Intercultural Communication: A Discourse Approach.* 3rd ed. Blackwell.
Watts, R. (2003) *Politeness.* Cambridge University Press.
Yule, G. (1996) *Pragmatics.* (Oxford Introductions to Language Study). Oxford University Press. (高司正夫 (訳) (2000)『ことばと発話状況――語用論への招待』リーベル出版.)

■ **練習問題** ■

1．リーチのポライトネスの原理は、どのような場合にうまく活用しうるか考えてみよう。
2．呼称 (address terms) を用いることをブラウンとレヴィンソンの枠組みで考えてみよう。
3．Can you ...？より Could you ...？の方が丁寧だと言われるが、その理由をポライトネス理論の観点から考えてみよう。
4．日本語と英語のポライトネスの似ているところと違うところをまとめてみよう。
5．真冬にＴシャツを着ている英米人に「寒くないの？」と声をかけたら怒り出した、という事例について考えてみよう。

12. 相互行為の社会言語学

　これまでの議論では、間接的なメッセージ、言語使用の社会的側面、言語を介した対人的な配慮など、非コミュニケーション系言語学では扱っていなかったコミュニケーション事象を論ずる枠組み、アプローチを取り上げてきた。しかし、まだ十分にコミュニケーションの諸相を扱い切ったわけではない。より基本的なレベルでコミュニケーションがなぜ成立するかについては問われることなく、なかば前提視されてきた。本章では、メッセージを伝える、その媒体や伝え方そのものがどのように作用しているかを見ることによって、非言語も含めたコミュニケーション全体の中で言語がどのような働きをしているのかを考えてみよう。そして、その発展的延長線上で、コミュニケーションの媒体やツール、さらにはテクノロジーがコミュニケーションにおいてどのような働きをするのかを考える枠組みを取り上げてみたい。

12-1 コンテクスト化の合図

　最近は都会ではあまり耳にしなく（見かけなく）なった、伝統的な日本の近所付き合いの中ではしばしば発せられた（と思われる）以下の対話から取り上げてみよう。ある世代の日本人にはなじみ深いやりとりかと思われる。

1. A：お出かけですか？
   B：ええ、ちょっと買い物に。

Aの発話は、これまでの議論では、間接言語行為の例と考えられるだろう。形式的には「質問」という言語行為だが、実際にはこれは「挨拶」である。しかし、よく考えると、この「質問」→「挨拶」という推論は必ずしも一義的になされるわけではない。いずれの格率にも違反していないからである。その実、少なくともかつての日本、あるいはその一部のコミュニティでは何気ない社交的なあいさつ代わりの質問とされる発話も、別の文化ではプライバシーを侵害する失礼な質問になってしまうかもしれない。グローバル・コミュニケーションのミスコミュニケーションには同様の事例が多くある。

　ということは、日本人同士ならそのような問題にはならないと一般的に考えられやすいが、はたしてそうであろうか。このやりとりはもう1つ重要なことを示している。この対話のAの発話は、半上昇調、あるいは軽い平板な調子で発せられることを多くの日本人は想像できる。ところが、これを深刻な重々しい調子で発音したらどうだろう。Bは上のようには答えられなかったかもしれない。純粋な質問と解釈するかもしれないし、例えば非難（あなたは今日の町内会の行事に出ないつもりなのか、などと）と解釈するかもしれない。つまり、言い方によってそれがどういう意図で発話されているか、あるいはどういう意図と解釈すべきかが示されるのである。このやりとりの慣習を知っている人は、そのような質問を社交的で儀礼的なものだと解釈できる音声的特徴を知っている。そして、重要なことに、彼（女）らはこれを**再生する**（reproduce）ことができる。その音声的特徴によって、「この質問は純粋な質問ではなく、社交的なものですよ、ちゃんと答えなくてもいいですよ」と言っていることがわかるのである。このような音声的特徴を**韻律**（prosody）と言うが[1]、言い換えれば、この韻律が発話をどう解釈すべきかという枠組みを作り出す合図の役割を果たしていると言える。この合図をガンパーズ（John J. Gumperz 1922-2013）は**コンテクスト化の合図**（contextualization cues）と呼んでいる。

1　韻律は**パラ言語**（paralanguage）の1つである。

また、Aが「お出かけですか？」ではなく、「どこかにいらっしゃるのですか？」とか「どちらかにご出発ですか？」とたずねたらどうだろう。このような言い方をされれば先ほどと同様に社交的なあいさつ代わりの質問とは解されず、純粋な質問と受け止められ、普通ならいぶかしがられるであろう。つまり、音声的な特徴とともにこの「お出かけですか」という表現自体の定式性、イディオム性もまた「これは社交的なあいさつだと解釈してくださいよ、別に詮索しているわけではありませんよ」と告げるコンテクスト化の合図になっているのである。

　このような合図が合図として成立するためには、ある種の取り決めをお互いがしておく必要がある。一方だけが知っているだけではだめで、一方が社交的な質問だという合図を送ったら、他方はそれをキャッチしてそのように解釈しなくてはならない。つまり、字義的なことばの意味だけではなく、ある合図を手がかりとしてそれをどう解釈するかという**慣習**（convention）が共有され、聞き手に**予期**（expectation）させるようでなければならないのである。慣習と予期は一対のものである。会話とはそのような意味でも社会的だ。

　会話の参与者たちは、さまざまな情報や前提を駆使して推論する。発話内容（字義的メッセージ）の理解に加えて、第10章で論じたような語用論的な推論、お互いが持っていると思われる共通の前提、知識も駆使するが、それだけではない。イントネーションや声の高さ（ピッチ（pitch））、声の大きさ、韻律のパターンなどの音的要素（韻律）、顔の表情や身振りなどの非言語的な要素、方言などの言語的特徴、定式的な表現などをコンテクスト化の合図として、会話の参与者たちは**解釈の枠組み**（interpretive frame、frame of interpretation）を得ようとするのである[2]。解釈の枠組み、コンテクストとは発話やそこで起こっていることを解釈するために参照する情報の集合である。

2　合図というより、明示的に、言語的にコンテクスト化することもある。「余談ですが」、「堅い話はそのくらいにして」、「ここだけの話ですけど」などがその例である。

12-2 コンテクスト観の革新

　コンテクスト化の合図と言うときのコンテクストとは、大ざっぱに言ってこれまで見てきた解釈の枠組みで、ある発話を解釈するために参照する情報の集まりと考えてよい。コンテクストという語は、一般には比較的漠然とした意味で使われることが多い。「おまえはいいヤツだ」という発話は普通はほめことばだがコンテクストによっては皮肉になる、というような言い方をするが、そのコンテクストがどのようなものかということは、それまであまり考えられないことが多かった。

　一般にコンテクストと言えば定的、静的なものと考えられやすい。「おまえはいいヤツだ」はこういうコンテクストでは皮肉になるというとき、コンテクストは発話を解釈する際にそこにすでにあるものと考えられやすい。しかし、ガンパーズは、コンテクストには会話を行っている者たちがより主体的にその場その場のやりとりの中で生み出していく側面があることに着眼した。先にあげたようなさまざまなコンテクスト化の合図をもとに、リアルタイムに解釈の枠組みを想起（evoke）させ、引き出しているのである。

12-2-1 オフィスでの事例

　ガンパーズのあげている事例で見てみよう。次の会話は小さなオフィスでの、2人のオフィスワーカーの間のものである（Gumperz 1982）。

2. A1：Are you gonna be here for ten minutes?
   B1：Go ahead and take your break. Take longer if you want to.
   A2：I'll just be outside on the porch.
   　　 Call me if you need me.
   B2：O. K., don't worry.

ありきたりの日常的なやりとりのように見える。しかしよく考えてみると、

この会話の2人は実に多くのことを言わないでもわかり合っていることがわかる。まずグライスの協調の原理にもとづいて考えてみよう。
　A1の発話は一見関連性がないかのように思われたかもしれないが、協調の原理が守られていると想定して何らかの関連性のある解釈をしなくてはいけないとBは考える。そこで「ここにこれから10分の間いるか」とたずねるからには、きっと自分は10分ほど席をはずしたいということを伝えたいのだろうとBは推論する、と説明することができるかもしれない。
　しかし、これは必ずしも容易にできる推論ではない。「10分？　いるけど、どうして？」とたずね返してもまったくおかしくはない。ところがB1の発話はAが休憩をとりたいのだというところまで推論している。これほどまでの推論が瞬時にスムーズになされるのはなぜだろうか。そのような間接的なメッセージを理解できるように促すことは何も言っていない。考えられることはAとBの両者が暗黙の前提を共有していることだろう。
　この2人はこのやりとりがオフィスでなされていることをともに理解しており、通常このオフィスでどんなことが起こるかを予期していると考えられる。つまり、自分たちはオフィスワーカーであり、通常仕事中に短い休憩をとり、オフィスには常に誰か1人はいるように協力し合うべきである、などのことが暗黙の前提になっているのである。そのような前提があるからこそBはAの質問は、休憩をとりたいけれど自分がいなくなるとBに不都合なことになるか、と確認しているのだろう、と推論できるのである。A2の答えは本当にAが休憩をとりたいのだということを暗に伝え、Bは自分の解釈が正しかったことを知る。Bの最後の "O. K., don't worry." はAがいないことによって何の不都合も起こらないということを再確認したと理解される。会話者たちはこのようにして状況、やりとりの目的、対人関係に関わる背景的な暗黙の前提にもとづいて間接的な推論を行い、そこで起こっていることをどう解釈したらよいかを知るのである。
　言語行為としては、A1は質問でありながら、結果として休憩をとりたいという要求、もしくは依頼と見なすことができる。B1でもBはそのように

解釈した。しかし、それはあくまで相互のやりとりの結果としてであり、A2 で B1 の解釈が正しかったことを認めた時点で初めて（遡及的（retrospective）に）そう言えた可能性もある。極端に言えば、A1 では A はそういうことを意図していなかったかもしれない。B1 でたまたまそう解釈されたので、A はそれならそういうつもりはなかったけれど休憩させてもらおうと思って A2 のように言ったのかもしれないのである。つまり、言語行為も話し手の意図だけではなく、**相互行為**（interaction）によっても成立していると考えられる。

　さてこのような解釈が可能になったことば上の要因は何だろうか。もし A が A1 で

   3a.　Are you gonna be here for ten minutes?

ではなく、

   3b.　Do you intend to stay here?
   3c.　Do you plan to go out?

と言ったり、A1 で "be here" ではなく、最初の "Are" に強調が置かれていればこのような対応はできなかったと考えられる（この解釈は英語非母語話者には難しい――「お出かけですか」と同様である）。B の対応もおそらく異なっていたであろう。ひょっとするとこのやりとり自体がまったく変わってしまっていたかもしれない（おそらく即座には B は A が休憩をとりたいのだとは推測しないであろう）。ここではこのような定型的な表現や強勢などの音的特徴がコンテクスト化の合図となり、A と B の共通の前提を呼び起こし、多くのことを言わないでもスムーズに会話が流れるような解釈や推論の枠組みを与えたのである。さまざまな慣習を共有しているため、ほとんど瞬時に判断し、推論することができるのだ。

12-3 〉解釈的アプローチ

　これまで話し手の解釈や推論ということを問題にしてきた。さて、いったいこれまで登場してきた会話者たちの解釈や推論の仕方を、われわれは（研究する者として）どのようにして知ることができるのだろうか。ガンパーズは**解釈的アプローチ**（interpretive approach）という手法をとった。これは簡単に言ってしまえば、会話のやりとりを録音、録画し、後からその会話に参加した人も含めた複数の人に会話をどう解釈したかをインタビューすることでデータを集積していくやり方である。実際に会話に参加した被験者には、こういうつもりで言ったのだというようなことを振り返ってもらったりもする。これによってある会話のやりとりの中で何が起きているかを知ることができるのである。問題となるやりとりは、その慣習を持っている人にとって再生可能だということが重要だ。偶発的なものなら再生できないはずだ。再生できないなら、それはコンテクスト化の慣習という問題ではないことになる。

　一見何の変哲もないやり方のようだが、このアプローチはことばとコミュニケーション、特に異文化間のコミュニケーション、グローバル・コミュニケーションの特質を浮き彫りにするのに適している。まず、ことばの解釈は同じ文化的な背景を持った者同士であれば普通は同じであるという前提に立つのに対して、異文化間のコミュニケーション、グローバル・コミュニケーションにおいては、それは期待できないということである。同じ言語の話者間でも解釈の慣習が異なると、同じことばを異なって解釈したり、あるコンテクスト化の合図をキャッチできたりできなかったりする。そして、複数の被験者からデータをとることで、ある共通の文化的背景を持った人たちが共通の解釈のパターンを示すこともわかってくる。

　もう1つこのアプローチが示唆することは、ことばの意味と解釈は違う次元のことがらであるということである。われわれはことばとコミュニケーションを考えようとするとき、コンテクストから離れた辞書的な意味（**外延的**

意味（denotation））と状況に根ざした意図の解釈とを区別する必要がある。解釈は常に複数のレベルのコンテクスト化の合図を通して得られるからである。話し手の意図を読みとることが正しい解釈だとするなら、異文化間のコミュニケーションではその正しい解釈が得られる可能性は常に高いとは限らない。

　現実の異文化間のコミュニケーションを考えるときには「正しい」解釈がなされず、解釈の交渉がなされるが、そのような交渉がうまくいかない場合こそ重要なのであり、考察すべきであると考える。言語的な特徴、韻律的な特徴、非言語的な特徴がどのような解釈を生むのか、意図と解釈の交渉がどのようなプロセスでなされているのかを見ることが、異文化間のコミュニケーション、グローバル・コミュニケーションに多くの洞察をわれわれに与えてくれるはずだ。

　解釈的アプローチの実践例を1つ見てみよう（Gumperz 1982）。大学院の授業が終わった後、ヨーロッパ系アメリカ人の教員Bに対してアフリカ系アメリカ人の大学院生Aが推薦状を書いてくれないかとたずねている。Bは承諾をして、研究室に来なさいと言う。ここでA2でAはアフリカ系アメリカ英語にスイッチする。

 4. A1：Could I talk to you for a minute? I'm gonna apply for a fellowship and I was wondering if I could get a recommendation?
  B ：O. K. Come along to the office and tell me what you want to do.
  A2：*Ahma git me a gig!*
   (I'm going to get myself some support.)

このやりとりを再生し、ビデオなどで被験者に示し、A2の発話の解釈を求めた。解釈はだいたい4種類に分かれたという。

 a. 非意図的な独り言

b. 聞き手の特定化
  c. 白人（優位）社会への反抗
  d. 「状況を支配している（I'm in control of the situation.[3]）」というメタメッセージを込めた振る舞い

結果は以下の通りである。

・a. b. c. の解釈をしたのはすべてヨーロッパ系アメリカ人だった。
・d. の解釈をしたのは1人を除いてすべてアフリカ系アメリカ人だった。
・d. の解釈をした残りのヨーロッパ系アメリカ人は、幼い頃からアフリカ系アメリカ人のコミュニティに頻繁に出入りし、交友があった。
・話者自身の意図も d. であった。

つまり、解釈の慣習を共有している人たちは d. の解釈をするということになるだろう。しかし、それが正解だと言ってすまされることではない。解釈が多様でありうるのが現実であり、それこそがコミュニケーションの本質なのである。

12-3-1 分析の事例

　わかりやすい例を見てみよう。ロンドンで西インド諸島出身のあるバスの運転手が、料金を払おうとする英語のネイティヴ・スピーカーの乗客に次のように言った。

　5. Exact change, PLEASE.（大文字は強調された発音）

"please" を強調する言い方は、英語の母語話者にとっては一般にいらだちを

---

3 「おれは流されてないぞ、ちゃんとやれてるぞ」というようなニュアンスだろうか。

表すと解釈される。いらだって「おつりのないように頼むよ！」という感じだろうか。したがってその乗客は不快感を持った。しかし、この運転手の意図はまったく正反対だった。この運転手の母語の感覚では、"please"というお願いするときの表現（不変化詞）を強調することは、より丁寧であろうとする言い方だったのである。この運転手の "please" の発音の仕方は、イギリスの英語母語話者の慣習では彼が意図した意味合いを生み出さなかった。むしろイギリス英語、内円圏英語の慣習では意図とは正反対の解釈を引き出してしまったのである。

　以下の例もアフリカ系アメリカ人の生徒と同様にアフリカ系アメリカ人の教師の教室でのやりとりである。

6. 生徒：［ある自伝を読んだ後で］This lady, *didn't* have *no* sense.
　　教師：Do you know another way of saying that?
　　生徒：Sure. She didn't have any sense. *But not this lady; she didn't have no sense.*

教師の意図は not ... no という二重否定が内円圏英語では正しいとされていないので、その訂正を生徒に求めることだった。そして、生徒はそれに答えて not ... any という言い方に変えることができている。しかし、この生徒にとっての（そしてアフリカ系アメリカ人にとっての）価値観では、*didn't have no sense* という言い方でしか気持ちを表現できないということなのだろう。日本でも自分の方言でしか表現できないことがあるのと似ている。

　こういう事例を見て、非母語話者は母語話者の慣習を学ぶべきだ、非母語話者の方がわるいのだと単純に考えるわけにはいかない。グローバル・コミュニケーションの視点から言えば、それはすでに現実的ではない。

　内円圏英語の話者同士でも同様のことがある。場所はアメリカ合衆国カリフォルニア州の家庭で、Aはハウスペインターでこの家を訪れている。Bはこの家の主婦だがイギリス人である。家の中にかざってある絵を見て、Aは

（Aの意図としては）社交的な質問として（artistの第1音節にストレスがある）たずねた。

7. A1：Who's the *ar*tist?
   B　：The painter's not too well known.
   　　　He's a modern London painter named …
   　　　（ポーズ）
   A2：I was wondering if someone in the family is an artist.

ポーズはAが意図したように発話の意味を相手が解釈してくれなかった戸惑いを表していると見てよいだろう。この英語変種の慣習では、実はAの質問は、実質、**ほめ**（compliment）だったのである。このプロソディでこの表現（ほかにも、調理道具が立派でたくさん揃っているのを見て、Who's the *cook*? と言ったり、庭仕事の道具が揃っているのを見て Who's the *gardener*? と言うなどしばしば見られるほめである）を用いると、定式的な反応まで慣習的であり、

　It's just a hobby.
　I'm just a fan.

などのように答えるのが普通である。そして、さらにまた、そのまた反応として、

　But they're really good.

などと言う。
　アメリカ人とイギリス人であるから、ともに内円圏英語の話し手だが、コンテクスト化の慣習は必ずしも同じではないのである。

第12章　相互行為の社会言語学　213

ところで、A2は「いや、おうちのどなたかが描かれた絵かと思って」と自分の前の発話の解説をし、弁明しているようだ。このように、コミュニケーションの意図について言及するコミュニケーションを**メタコミュニケーション、メタコミュニカティヴ・コメント**（meta-communicative comment）と言う。人はしばしば自分の意図が伝わらなかったとき、メタコミュニケーション行動を起こす（冗談のつもりで言ったのに相手がムッとしたりすると、「冗談、冗談！」と言ったりする。自分の発言が冗談であったとメタ的に説明するのだ）。

12-4 ＞ コミュニケーションの多層性

　このようなコミュニケーションは、つまるところ、言語的なメッセージに対してそれに付随するプロソディなどの非言語要素がコンテクスト化の合図として同時に連動しているということを示している。われわれは物理的な世界に生きているので、メッセージを送るのに物理的な容れ物に頼らざるをえない。そしてその容れ物は解釈に大きな影響を与えているということだ。われわれはことばとことば以外のコミュニケーションの道具の両方を巧みに、しばしば同時に用いている。この両方が人間のコミュニケーションの重要な資源である。両方がいくつかの層を成して、われわれのコミュニケーションを成り立たせている。いわば2つ以上のトラックがあり、それぞれが別のトラックのコミュニケーションに何らかの補助をしている（この場合の「トラック」は音声多重のオーディオテープの「トラック」や映画のサウンドトラックと言う場合の「トラック」である）。コミュニケーション系言語学の重要な問いの1つは、この両方の資源がどういうしくみで関わり合っているかを知ることである。

　図式すれば、だいたい次のようなことだろう。メッセージが伝達者から受領者に伝わっているイメージ図である。

```
主トラック（言語的メッセージ）
副トラック（形式的、物理的、非言語的シグナル）
```

例えば、先の「お出かけですか？」で言えば、下の図のようにプロソディが解釈に制約を与えているということになる。

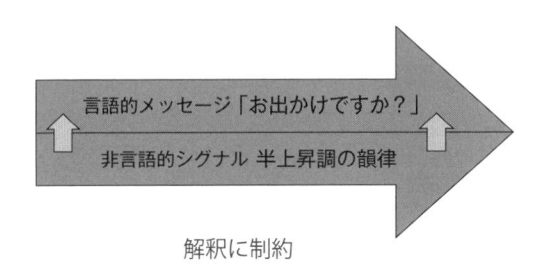

```
言語的メッセージ「お出かけですか？」
非言語的シグナル 半上昇調の韻律
```

解釈に制約

12-4-1 コミュニケーションの生態学

　このような物理的な側面は、一般に言語学では軽視されがちだ。意味や内容というようなものがあり、音声や文字、さらに言えば、電子メールや電話などコミュニケーション・テクノロジーはいわばその容れ物とされる。見た目より中身が大事だ、よく人はそう言う。しかし、実際は容れ物の方が大事なこともある。お中元やお歳暮もどこの百貨店の包み紙かが重要だったりすることがあると言う。それと同様に、コミュニケーションの物理的要素がコンテクスト化に、そしてコミュニケーションに大きく寄与しているのである。

　しかし、この**コンテクスト化の資源**（resources of contextualization）は、すべての状況、すべての言語に等しく与えられているわけではない。暗闇で筆談はできないし、どんな相手にも you と言える言語もあれば、「あなた」に相当する語が常に使えるとは限らない言語もある（井上 2005）。ある特定の

コンテクストにおいて立ち現れる言語的実現を、コミュニケーションの主体が利用しうる資源、あるいは言語の生態的情報という視点から見る言語観、コミュニケーション観が必要と思われる。このような枠組みは「コミュニケーションの生態学」と呼び得るものだ（井上 2005）。コンテクストの生成そのものに資する利用可能な資源と、一方で生成に対して働く制約を見極める必要があるだろう。そのような資源と制約は、あらゆる言語に等しく与えられているわけではないことはグローバル・コミュニケーションにおいても重要な視点だ。

12-5 〉非指示的指標性

コンテクスト化の合図は主メッセージに寄生し、解釈に制約を与えるメッセージとなるが、逆に外の世界や社会に連なるシグナルを発するという要素もある。それを**指標性**（indexicality）[4] と言う。それには**指示的**（referential）／**非指示的**（nonreferential）の2つのタイプの指標性があり、指示的な指標性とは人称代名詞やダイクシスなどの明示的な指示内容を持つものや、外延的な（denotative）意味に関わるものである。一方非指示的な指標性とは、暗黙の社会的、文化的前提を土台に、性差や敬意など社会的関係、対人的関係を示すものであり、明示的、命題的な意味に対するメタ的な機能を果たし、コンテクストに関わる情報を伝達する。例えば日本語の「ぜ」や「ぞ」は荒々しさなどの情緒スタンスを直接に指標し、それを媒介として間接的にある種の男性性を指標し、また「わ」は柔らかさを直接に指標し、ある種の女性性を間接的に指標すると言う（Ochs 1990）。

指示／非指示という図式をより一般的に展開するために「お出かけですか？」の対話に戻ろう。コンテクスト化のプロセスは非指示的指標の作用と重なり合う。近隣の者同士にあるべき社交性を連想させる**情緒スタンス**

---

4 シルバースタイン（Silverstein 1976）やオークス（Ochs 1990）などがある。

（emotional stance）を指標するということになろう。「お出かけですか？」はパラ言語などの働きによって指示的な情報を求めているのではなく、会話を社交的に始め、適当な時間維持しようという友好的な情緒スタンスを非指示的に指標するのである。

　非指示的な指標に関わる慣習の習得は、指示的メッセージレベルの言語習得よりも一般に困難で、誤りが許容され修正を受けられるような環境に長期にわたって身を置くことで可能になると考えられている。家庭や学校での子どもや年季奉公の見習いなどがその習得に最も適した状況にいる。例えば外国語をそのような環境以外で習得しようとする場合、指示的レベルでは上達できても、非指示的なレベルではなかなか難しい。自動翻訳のテクノロジーは今後も指示的なレベルではかなりの発達を見せるであろうが、非指示的な次元についてはまだ時間がかかりそうである。

　また、日本語と比べて英語は、敬語などの形式的にポライトであることを表示するデバイスが多くないが、より韻律に依存して対人的な配慮や丁寧であるスタンスを示すという側面もある。一般的に、発話速度がやや遅く、調音が比較的明瞭で、やや高ピッチの韻律がポライトであることを示すが、これも状況やコンテクストに依存するところが多くある。それらの度が過ぎると子どもに話しかけるようなスタンスを表示してしまい、ポライトとは感じられない。

12-6 ＞ 相互行為の社会言語学からグローバル・コミュニケーションの言語学へ

　このような視点は、異なった文化的背景、母語、価値観、コミュニケーション上の慣習やスタイルを持った者たちの接触の問題、グローバル・コミュニケーションへと連なる。興味深いことは、新しい世代や集団の接触がもたらすところの変革は、しばしばまず非指示的なレベル、あるいはパラ言語のレベルで起こっているということだ。

言語変化やコミュニケーション形態の変化が起こるとき、それがしばしば非言語的、非指示的次元からまず生み出されるとするなら、言語の創造性はまさに人々のやりとりの中にあり、異なるものとの接触こそが言語の生成の場であると考えるべきであろう。いわゆる異文化間のコミュニケーション、グローバル・コミュニケーションはコミュニケーションの1つのタイプなのではなく、コミュニケーションの本質なのである。

　このような現象を捕捉しようとするのに、言語の自律性と言語使用者集団の均質性を前提とすることは妥当ではないと考えるのがコミュニケーション系言語学、相互行為社会言語学の視点である。より一般的な認知能力、コミュニケーション能力を持つ言語使用者たちが、コンテクストに根ざした状況、対人的なネットワークの中で相互行為をするという視点から、言語現象、コミュニケーション現象を見ることになる。それは周辺的、非指示的領域にこそ言語とコミュニケーションのより根源的な本質を見ようとすることなのである。

□　参考文献　□

〈日本語〉

井上逸兵 (2005)『ことばの生態系——コミュニケーションは何でできているか』慶應義塾大学出版会.

〈英語〉

Gumperz, J. J. (1982) *Discourse Strategies*. Cambridge University Press.（井上逸兵，出原健一，花崎美紀，荒木瑞夫，多々良直弘（訳）(2004)『認知と相互行為の社会言語学——ディスコース・ストラテジー』松柏社.）

Hymes, D. (1974) *Foundations in Sociolinguistics: An Ethnographic Approach*. University of Pennsylvania Press.（唐須教光（訳）(1979)『ことばの民族誌——社会言語学の基礎』紀伊國屋書店.）

Ochs, E. (1990) "Indexicality and Socialization." In J. W. Stigler, R. A. Shweder, G. Herdt (eds.) *Cultural Psychology: Essays on Comparative Human Development*. Cambridge University Press.

Silverstein, M. (1976) "Shifters, Linguistic Categories, and Cultural Description." In K. H. Basso and H. A. Selby (eds.) *Meaning in Anthropology*. University of New Mexico Press. pp. 11-55.

■ 練習問題 ■

1. 「言い方」によって慣習的に解釈が異なる例を考えてみよう。
2. アメリカ英語とイギリス英語で解釈が異なると思われる慣用表現を考えてみよう。
3. アメリカ英語とイギリス英語とで意味合いが異なる表現は、口語的な表現に多いと思われるが、もしそうならそれはなぜかを考えてみよう。
4. 方言などのこの言い方でなければ気持ちが伝わらないという例を考えてみよう。
5. 非指示的な指標性のほかの例を考えてみよう。

13. 談話分析

13-1 〉談話分析の2つの流れ

　音の最小対立を成す音素の概念や意味を担う最小の単位である形態素の話から語や文、さらには意味、コミュニケーション、社会、と考察や分析の対象とする単位が大きくなってきた。典型的にはチョムスキーの生成文法がそうであるように、非コミュニケーション系の言語学においては、「文」が最大の分析対象であり（生成文法においては最小でもある）、実際の言語の使用はいつもそのように小さな単位でなされているわけでは当然ない。文や発話は連なって実現されるのがむしろ普通である。

　文や発話の連なりを**談話**（discourse）とか、**テクスト**（text）と呼んだりする。一般に談話は話しことば、テクストは書きことばというイメージがあるが、必ずしもそうではない。この2つの区別については、論者の間で一致するものはないが、そのほかに、談話はプロセス（process）、テクストは生産物（product）という見方や、談話は動的（dynamic）、テクストは静的（static）という見方などがある。また、これらを扱う分野にも**談話分析**（discourse analysis）と**テクスト言語学**（text linguistics）とがあり、同様の区別があると考えることもある。テクスト言語学はテクストの内的なつながりに、談話分析は談話とコンテクストなどの外的なつながりに焦点が置かれているように思われる。しかしながら、この2つを明確な境界線をひいて峻別しようとするのはどちらかと言えば不毛である。本書では、内的、外的なつながりのいずれをも扱う分野として、特に区別せず総称として談話分析と

いう用語を用いることにする。

さて、非コミュニケーション系言語学における、文を構成する諸要素や文の内部構造への関心から文と文とのつながりにも関心が及んだとしても不思議はなかろう。談話分析の1つの出自は、この「文を超えた文法」、「2文以上の間の文法」というものだ。つまり、言語学の発展上にあり、文の延長線上に談話を捉えているのが談話分析の1つの考え方である。

もう1つの談話分析は、コミュニケーション、社会的な実践としての言語活動を談話として捉える視点で考えるものだ。後述する会話分析の知見を応用しながら、語用論の会話の含意や社会言語学や言語人類学的なコミュニケーション研究と関わりを持つ。その発展形としては、**クリティカル談話分析**（Critical Discourse Analysis：CDA）のように、ジェンダーやよりポリティカルな視点で論ずるものまである。

13-1-1 結束性

2文、もしくは2発話以上の連なりが1つのまとまった談話と感じられるようにするには、**結束**（cohesion）と**一貫性**（coherence）という2つの要素が必要と考えられる。結束は、主に形式的なつながりを指し、英語で言えば人称代名詞や定冠詞などが**結束装置**（cohesive device）となって結束性を高めたり、接続詞や関係詞などが同様の働きをしたりする。一方、一貫性は意味的なつながりがあることである。

いくつか例を見てみよう（Widdowson 2007）（イタリックは後の説明のために筆者が施したもの）。

1. *The process* may seem complicated but actually *it* is not really, so long as you prepare things in advance and know what has to be done in what order. *Some of the things* you need you may already have, but *others*, of course, you may need to get. *They* are not always readily available and when *they* are *they* can be quite *expen-*

sive. But the final result will make all the effort and *cost* worthwhile.

という文の連続体、すなわち談話においては、いくつかの文法的な結束装置によってつながりを認識できる。it は The process を指しており、最後から 2 番目の文の文頭の They やその後の they は others を指していて、Some と others は慣習的に平行表現になることから some of the things you need と others が平行関係になることもわかるだろう。最初の文も、but により並列されていることから、it is not really の後には complicated が省略されており、それによってもこの文内の節 2 つのつながりがわかる。さらに、expensive と cost は意味的につながりを感じさせるもので語彙的な結束性があると言える。接続詞 But はその前後の文の意味的な関係を表示している。

ハリデー（Michael A. K. Halliday 1925-）とハサン（Ruqaiya Hasan 1931-）(Halliday and Hasan 1976) によれば、これらは結束性を生み出す 4 つの要素と言えよう。

(1) 指示（reference）
(2) 省略と代用（ellipsis and substitute）
(3) 接続（conjunction）
(4) 語彙的結束性（lexical cohesion）

代名詞は指示の機能を持った結束装置で、平行関係は省略や代用の理解を容易にしている。接続詞は接続の典型例だし、意味的な関連性は語彙的結束性の条件だ。これらの要因がそれなりに揃っており、この談話には結束性があるように感じられる。

13-1-2 一貫性とスキーマ

しかしながら、上の談話は結束はありそうに思えるが、何の話をしているのか、今ひとつよくわからないだろう。つまり、結束だけでは文や発話の連

続を1つの談話と見なしにくいのだ。ところが、これは実はある料理の料理法についての談話なのだ、と言われると、とたんに全体に意味のあるまとまりを感じられないであろうか。そうすれば、The process とは調理のプロセスのことであり、things you need などは材料であり、what has to be done in what order も調理のプロセスにおけるすべきこととその順序であることがわかる。available だとか expensive だと言っているものはその材料で、the final result はできあがりのことを言っていることもわかる。

　全体の意味的まとまりである一貫性を得るために参照される、記憶された知識の構造やパターンを**スキーマ**（schema、複数形は schemata）と呼んでいる。また、特に固定的なスキーマを**フレーム**（frame）と呼ぶこともあるが、議論の枠組みや分野によって異なる呼び方があるという面もある。また、時系列の知識は**スクリプト**（script）と呼ばれる。例えば、一般に（少なくとも都会にいれば）「レストラン・スクリプト」と「ファストフード・スクリプト」が異なっていることを知っており、別々に記憶に貯蔵して生活している。「注文して席に着いた」と「席に着いて注文した」はどちらがどのスクリプトを参照しているかが普通はわかる。

　もう1つ例を見てみよう。以下の会話は何の話をしているかがすぐにわかるだろうか[1]。

  2. A：I have a fourteen year old son.
    B：Well, that's all right.
    A：I also have a dog.
    B：Oh, I'm sorry.

おそらく多くの人は14歳の息子がいることはなぜ all right か、さらに続く会話でなぜ犬が出てくるのか、なぜ謝っているのか、見当がつかないであろ

---

[1] Sacks, H. (1992) *Lectures on Conversation*. Blackwell.

う。しかし、これにスキーマとして、Aはアパートを借りようとしている人で、Bは家主、もしくは管理者である、という情報が得られれば、たちどころに一貫性のある会話に見えてくるだろう。14歳の息子がいること（同居すること）はアパートを借りるのに支障はなく、犬がいることは認められないということを言っていると理解するのは、逆に多くの人にとって容易だろう。アパートにはしばしば同居者がおり、この世の中には犬を飼ってもよいアパートと飼ってはいけないアパートがあるということを知っており、それを決めるのは家主、もしくは管理者であることを知っているのだ。そのような世間一般に関する知識もスキーマの一部である。そして最後の I'm sorry. が「断り」「不許可」の言語行為になることは、間接的なメッセージに関わる知識、ポライトネスに関わる知識もこの際のスキーマに参画していることがわかるだろう。

　ところで、2. の談話において、Well や Oh の要素は、一見、無意識的な間投詞でさほどの意味を持たないように思われるが、Schiffrin（1987）はこれらを**談話標識**（discourse markers）として分析した。oh、well、and、but、now、y'know、I mean などは発話者のその時点での知識状態を表したり、談話に対するスタンスを表したり、交通整理をする働きをしているのだ。

13-2 〉会話分析

　言語学における談話分析に大きな影響を与えた研究に**会話分析**（conversation analysis）がある。もともとは**エスノメソドロジー**（ethnomethodology）という社会学の一派から生み出された知見である[2]。前章の相互行為の社会言語学もその影響を受けている。

　エスノメソドロジストたちの関心は、何気ない日常生活をわれわれがうまく営んでいるのはどのような知識があるからなのかということであった。で

2　これもまた言語学以外の分野である。Garfinkel, H.（1967）*Studies in Ethnomethodology*. Prentice Hall.

たらめに生きているようでもきっと何らかのしくみがあるはずだと考えたのである。われわれが生きるために身に付けている知識は必ずしもことばにして説明できるものばかりではない。ラッシュアワーの大きな駅の中を何とかさほどぶつかりあわずに歩けるようになるには、ある程度の慣れが必要だが、慣れた後もぶつかりあわないで歩く方法をことばで言い表すことはなかなかできない。ある辞書で「岩」を引くと「大きな石」とあり、「石」を引くと「小さな岩」とあったりする。小ばかにしているような記述に思えなくもないが、われわれの知識は意外にそのように相互参照的にできている。単純なことばほどあらためて説明を求められるとできなかったりする。エスノメソドロジーがめざしたものはそういう「日常知」なのである。したがって、ethno-methodology の ethno を「民族」と訳すのは、完全な誤解であり、完全な誤訳だ。この ethno はつまりは「人」ということである。

　そして彼（女）らが注目したのは会話だった。われわれはなぜ台本もないのに、うまく交替しながら会話を進めることができるのだろう（**会話の順番取り**、turn-taking）、なぜ電話をしていて何となくお互いにうまく話を終わらせる方向に持っていくことができるのだろう（"Opening up closings" という論文がある。Sacks *et al.*（1974））。これらはみな「日常知」に対する問いであった。この分野を特に会話分析と呼んでいる。

　注意しなければならないのは、会話分析はただ会話を分析すれば会話分析と呼ぶに相当するわけではない。むしろ、「会話分析」は分野の固有名と考えるべきだ。前章のガンパーズは自らの研究手法は "conversation*al* analysis" と言って、これとは区別していた。会話分析は言語学の談話分析でなされる「会話の分析」とはまったく異なった方向を向いている。探求しようとしていることが違うのだ。

　とはいえ、ここでもやはりコミュニケーション系言語学は会話分析の知見を外からのアイディアとして取り入れてきた。いくつか例を見てみよう。

　会話の最も基本的な構成は**隣接ペア**（adjacency pair）と呼ばれる会話対で成っている。あいさつに対してはあいさつ、質問に対しては答え、という

ように第1部分と第2部分から成っており、第1部分は第2部分を要求する。この要求は社会的な要求である。しかし、会話の対には階層構造がある。隣接応答ペアのそれぞれの部分（第1部分、第2部分）は等しく組織化されているわけではなく、第2部分が優先されるような階層構造があるのである。例えば、依頼に対しては受諾か拒否かが第2部分と想定されるが、拒否の場合は**ためらい標識**（hesitation marker）を付けることで、自分の発話から成る第2部分は好まれないものであることを示している。これを**優先応答体系**（preference organization）と呼ぶ。次の例を見てみよう（Levinson（1983）（第10章参考文献参照）の例を簡略化した。下線は筆者）。

3. 子：Could you ... could you put on the light for my room.
   父：Yep.

4. A：Um I wondered if there's any chance of seeing you tomorrow sometimes morning or before the seminar.
   （ポーズ）
   B：<u>Ah um ...</u> I doubt it.
   A：Uhm huh.
   B：The reason is I'm seeing Elizabeth.

3.のやりとりにおいては子の依頼に対して父は間髪を入れず（ためらい標識なしで）答えている。一方、4.の方は、明日会えないか、と言っているAの依頼にBは答えられず、下線部のようにためらい標識を入れることで、Bは自らの回答はこの社会では好まれないものであるということを表示しているのだ。

　このような現象は日本語でも見られるだろう。「ちょっと来てくれる？」という上司からの依頼に、間髪を入れず「ムリです」と答えれば、反抗的な態度と見なされるか、冗談か、それが許されるくらいの事情があると推察さ

れるかであろう。「いやー、今ちょっと手が離せないんですけど……」などと自分の回答が好まれないものであることを示すのが普通であろう。

　注意しなければならないのは、この現象の扱いはエスノメソドロジーの会話分析と言語学の談話分析では本来まったく異なっているということである。言語学であれば、優先されない応答には一般的にためらい標識が付けられる、とか、そのような傾向がある、などと説明したくなるだろう。あるいは、このためらい標識は相手の面目への配慮であり（第11章参照）、ある種のポライトネス標識だ、などという問題になるだろう（むろん、それがわるいわけではない）。しかし、エスノメソドロジーではそのようなこと（だけ）を問題にしたいわけではない。自分の発話がこの社会で優先されないものであること、そしてこの会話がこれまで述べたような階層構造があることを、会話のやりとりの中で、相互行為を通して、自らが局所的に構築し、達成しているということこそが問題なのである。これを**局所的管理**（local management）と言う。

13-2-1　会話のスタイル

　コミュニケーション系言語学の談話分析においても、そのようなエスノメソドロジーの知見を活用しつつ、さまざまな会話の特性の研究を発展させてきた。グローバル・コミュニケーションという視点に立てば、このような研究群のいわゆる異文化間の相互理解に資するところは大きい。会話の運用の仕方が文化によって異なっているのだ。これを Tannen（1984）にならって**会話のスタイル**（conversational style）と呼ぶことにしよう。

　例えば、Hayashi（1988）によれば、単一の**フロア**（主たる発言権）の会話（1度に1人だけが話す）では、アメリカ人話者と日本人話者では**同時発話**において明確な差異が観察される。アメリカ人より日本人の方が頻繁に同時発話を行い、アメリカ人は同時発話を行う場合でも積極的なやり方で行うことはない。日本人は手の動き、うなずき、などがより際立つ形で同時発話を行う[3]。

日本人の会話のやりとりで高い頻度で見られる同時発話は多様で、3、4人の参与者が加わると、非日本人から見ると誰がフロアを握っているのかを判断することは困難な場合がある。しかし、かと言って必ずしも対立を生むものとは限らない。むしろ同時発話は一体感や快適な瞬間を生むからである。対照的に、アメリカ人話者は同時発話を避ける傾向があり、「1度に1人の話者」という規則をより意識する。

　Tannen（1984）は、会話のスタイルの類型として、**情熱スタイル**（high involvement style）と**おもいやりスタイル**（high-considerate style）があるとした。**重複**（overlap）や同時発話はアメリカ英語においてもあり、興味やラポール（rapport、親密さ）を示すための装置として、**協調的同時発話**（co-operative overlapping）、**ターン**（turn）間のポーズの回避、速度の速い話し方が使用されるスタイルがあるとしている。これを情熱スタイルと呼んでいる。一方、おもいやりスタイルは話の速度は遅く、参与者は自分の順番を待ち、ターンの終わりはポーズによって示される。おもいやりスタイルでは同時発話は発話を妨げるものとされ、許容されにくい。同時発話は発話を妨害されたと話者は感じ、不快感、不満から無言になってしまうことがある。

13-2-2 CDA（クリティカル談話分析）

　談話分析の発展形の1つはCDAという通称が一般化しているクリティカル談話分析である（Fairclough 1995 など）。多くの場合メディア批評的でもあり、新聞、雑誌、テレビなどで一般に伝えられる談話に潜む社会的政治的バイアス、社会的不平等、権力構造を談話分析などの手法で浮き彫りにする、社会的メッセージ性の強い分野である。クリティカル言語学（Critical Linguistics）というより言語分析に重きを置いた考え方やメディア研究を土台として展開されている。ジェンダーの問題が論じられることも多く、次章の社会言語学的要素も持っている。

3　Hayashi, R.（1988）"Simultaneous talk: from the perspective of floor management of English and Japanese speakers." *World Englishes*, 7. pp. 269-288. 以下の同時発話の観察も同様である。

CDA に限らず、メディアの談話を研究対象とする場合、政治的、経済的、社会的な問題として論じられるが、メディアという媒体の特性、メディアとテクノロジーとの関わりも考えねばならない。

参 考 文 献

〈日本語〉

高原脩, 林宅男, 林礼子（2002）『プラグマティックスの展開』勁草書房.

西阪仰（2001）『心と行為――エスノメソドロジーの視点』岩波書店.

橋内武（1999）『ディスコース――談話の織りなす世界』くろしお出版.

〈英語〉

Brown, G. and Yule, G. (1983) *Discourse Analysis*. Cambridge University Press.

Cameron, D. (2001) *Working with Spoken Discourse*. SAGE.（林宅男（監修）（2012）『話し言葉の談話分析』ひつじ書房.）

Fairclough, N. (1995) *Critical Discourse Analysis: The Critical Study of Language*. 2nd ed. Routledge.

Halliday, M. A. K. and Hasan, R. (1976) *Cohesion in English*. Longman.

Sacks, H., Schegloff, E. A., and Jefferson, G. (1974) "A Simplest Systematics for the Organization of Turn-Taking for Conversation." *Language,* 50, 696-735.

Schiffrin, D. (1987) *Discourse Markers*. Cambridge University Press.

Tannen, D. [1984 1st ed.] (2005) *Conversational Style: Analyzing Talk among Friends*. New ed. Oxford University Press.

Widdowson, H. G. (2007) *Discourse Analysis* (Oxford Introductions to Language Study). Oxford University Press.

■ 練習問題 ■

1．新聞や小説などから1パラグラフを抜き出し、そこで使われている結束装置を分析してみよう。
2．スクリプトの事例をレストラン以外に探してみよう。
3．どのような隣接ペアがあるか、考えてみよう。
4．同時発話が協調的になる場合と対立的になる場合にはどのような違いがあるだろうか。考えてみよう。
5．テレビや新聞の報道にどのようなバイアスがかかっているか、いくつか例を取り上げて考えてみよう。

14. 社会言語学

14-1 ソシュールのパラドクス

　第4章の構造主義の話を思い起こしてみよう。ソシュールは歴史言語学との決別のために共時体／通時体という概念を立てた。言語は通時的に変化をし続ける構造体だが、「今」の言語の構造を、いわば輪切りにして共時体として見るという視点がソシュールの構造主義の根幹にある。

　しかしながら、「今、ここ」、現在の言語の構造とはどのようなものだろう。よく考えてみれば、そんな簡単に輪切りにできるものだろうかと思うに違いない。10代の中高生が話していることばはいろいろな点で、その親の代のことばとは違いがあり、おばあちゃん、おじいちゃんとはさらに異なっている。輪切りにされた「今、ここ」にも実は歴史が流れているのだ。これを**ソシュールのパラドクス**（Saussurean Paradox）と言う。

　言語学の中で、このような「今、ここ」の中の多様性を扱う分野が社会言語学である。英語学で言えば、英語の多様性、英語の**変種**（variety）を扱う分野である。一言で英語と言っても、アメリカ英語とイギリス英語に違いがあることは一般にも認識されていることだし、イギリス（連合王国）の中でも、スコットランド、イングランドでは違い、イングランドの中にも方言がある。また、先に触れたように世代間の違いはおそらくどの言語でも見られ、職業やいわゆる階級による違いもある。社会言語学的な観点で言えば、単一で均質の言語共同体があるという前提に立つことはできない。

　これらのさまざまな地理的、社会的な要因によって異なる言語の変種が方

言（dialect）である。注意せねばならないことに、言語学はこのような多様性を、一般にこの語が意味するように、「標準語」／方言という対立として考えない。例えば、日本であれば、東京で話されていることばに対していわゆる「地方」で話されていることばが「方言」なのではない。言語学的に言えば、東京で話されていることばも1つの変種にすぎず、東京方言と呼ぶ。

14-2 ミクロ社会言語学

　前節のように社会を大きな単位で捉え、それらと言語の多様性、変種との相関を考えるのが社会言語学の1つの仕事である。社会を比較的大きな単位で捉えて、国家、民族、階級、性別などとの関わりで言語を研究する社会言語学を**マクロ社会言語学**（macro-sociolinguistics）と呼ぶことがある。言語政策、（共同体としての）言語選択、言語計画などを扱う分野とされることも多く、その場合は**言語社会学**（sociology of language）とほぼ同義である。これ以降に論じるのは、それに対して**ミクロ社会言語学**（micro-sociolinguistics）と考えることもできよう。言語変種などの詳細な言語事象と人の言語行動との相関を論じるのがミクロ社会言語学で、コミュニケーションの社会言語学と言ってもよいかもしれない。

　ところで、よく考えてみると、このような言語の多様性や歴史言語学で見るようなことばの歴史的（通時的）変化はなぜ起こるのだろう。もし誰もが常にほかの誰とも同じように話していれば、言語の多様性はそもそも生まれないはずだ。もし仮に正確に前世代のことばを伝承していれば、多少の微妙な違いは起こることはあっても、さほどはなはだしく違う発音や語彙は生まれてこないだろう。

　単純に考えれば、このような違いを生み出す少なくとも1つの要因は人との関わり、コミュニケーションそのものだろう。あの人（たち）と違うように話したい、と考える動機がさまざまな形であったと考えるのはおそらく自然である。

また、変種や変化を考えずとも、人と人とのコミュニケーションにはさまざまな要因が関わっている。たった2人の会話においても社会のさまざまな暗黙裡の「ルール」や慣習が背後にあると考えられる。

14-2-1 社会階層と言語の多様性

　社会言語学は微視的な（ミクロな）発音の仕方の違いから社会のさまざまな側面を描き出そうとするが、言語と社会階層という社会学的な概念との関係の古典的な研究であるトラッドギル（Peter Trudgill 1943-）（Trudgill 1974）に連なる話を見てみよう[1]。

　内円圏英語では surfing、walking、sleeping の語尾は軟口蓋鼻音（velar nasal）の /ŋ/ で発音されることも歯茎鼻音（alveolar nasal）の /n/ で発音されることもある。

surfing	[sɜ:fɪŋ]	[sɜ:fɪn]
walking	[wɔ:kɪŋ]	[wɔ:kɪn]
sleeping	[sli:pɪŋ]	[sli:pɪn]

ところが以下の ing で終わる語については、この選択はない。

thing	[θɪŋ]	*[θɪn]
sing	[sɪŋ]	*[sɪn]
Beijing	[beɪdʒɪŋ]	*[beɪdʒɪn]

このような場合、社会言語学では次のような用語を用いる。すなわち、一方の場合、動詞の -ing という**変項**（variable）については、2つの**変異形**（variant）（/ŋ/ と /n/）があるが、もう一方の場合では1つしかないということで

1　Plag *et al.* (2009)（第6章参考文献参照）

ある。

　さて、この変項については社会階層と関連があるというのが、トラッドギルの古典的研究である（Trudgill 1974）。この研究でトラッドギルは、イングランドの Norwich という町で、5つの階層に分けて調査した。低労働者階級（lower working class：LWC）、中労働者階級（middle working class：MWC）、上労働者階級（upper working class：UWC）、低中流階級（lower middle class：LMC）、中中流階級（middle middle class：MMC）の5つである。さらにここからがこの研究のアイディアの優れたところだが、話しことばのスタイルとして、単語リストを読む（word-list）、文章を読む（reading passage）、フォーマルな話し言葉（formal speech）、カジュアルな話し言葉（casual speech）の4つを区別した。想定としては単語リストの読み上げが、発音に一番意識が向いて注意深くなり、逆にカジュアルの話しことばでは一番意識が向かないであろう、そして注意深く発音するほど標準に向かうであろうということである。結果は以下の図の通りである。

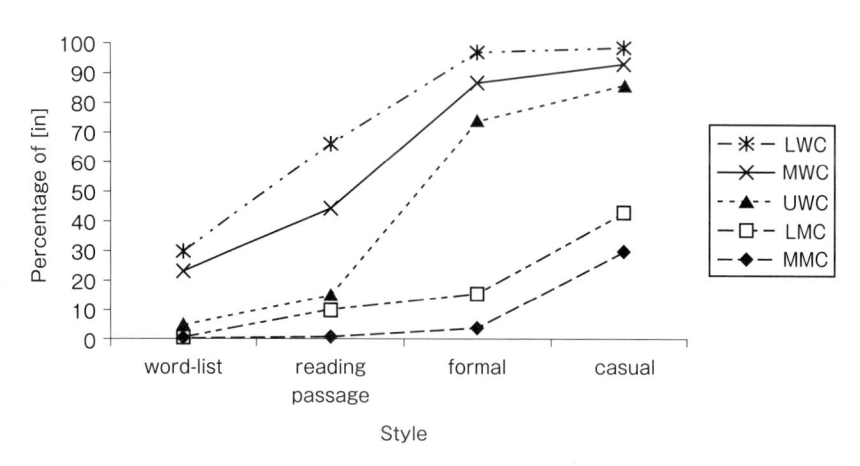

図 14-1　/in/ の出現率
出典：Trudgill 1974

つまり、フォーマルであるほど /in/ の出現頻度が低くなり（/ŋ/ の頻度が高

くなり)、カジュアルであるほど /in/ の頻度が高くなる（/ŋ/ の頻度が低くなる）が、それらは階級との相関があるということである。そして、この変項においては /ŋ/ の方がより標準だということである。

14-2-2 イギリスの言語状況

　言語の多様性は、このように１国の中でもあるわけだが、社会階層という社会的変数ばかりがそれに作用しているわけではない。例えば、イギリスは、アメリカ合衆国に比べ国土面積は狭いが、使用される英語は地域的差異、階級、職業などの社会的な差異が大きいと言われている。イギリスの標準発音は**容認発音**（Received Pronunciation：RP）と呼ばれ、イングランド南部の教養のある人の話す英語とされている。RP は、発音に地域的特性が見られず、一般の教養あるイギリス人で地域的特性を示さないタイプの発音と解釈される。英国放送協会（British Broadcasting Corporation：BBC）のアナウンサーが用いていることから BBC English とも言われる。

　ところが、1980 年前後から RP が若者を中心に大きく変化してきている。ロンドンを中心に若者の間で**エスチュアリ英語**（河口域英語、Estuary English）と呼ばれる新しいタイプの英語が広く用いられている。発音は基本的に RP と似ているが、労働者階級の**コックニー**（Cockney）との中間に位置する音声的特徴を持っている。より上流の RP でも、より下層のコックニーでもない、いわば中間層としての価値観が反映した変化かもしれない。社会階層のみならず意識や志向が言語の選択に関係することもあり得る。

14-2-3 変異理論

　そのような意識や志向を含めた社会にいる人々のさまざまな要因との相関で言語変化や変種を見ようとする研究の１つに**変異理論**がある。

　ラボフ（William Labov 1927-）は、ニューヨークのデパートの店員を対象として母音の後の（postvocalic）/r/ の発音（car、card、four、fourth）の有無がどのように**社会階層**（social stratification）と関わっているかを、社会言

語学の代表的な研究例である**ランダム・サンプリング**という手法を用いて調査した。

　彼はニューヨークの人々が社会階層の中でランク付けされるとするなら、/r/ の使用の順位と相関があるだろうという仮説を立てた。つまり、/r/ が多ければより上層の階級、少なければより下層の階級であるということである。デパートの店員は、営業的な配慮から、顧客の社会階層にことば遣いを合わせて自らも同様の階層にいることを示すか、あるいはそのような努力をするであろうと想定した。職業は言語行動と密接に関係しているであろうと考えられるが、デパートの店員などの接客業はそのことば遣いに注意が向きやすいと考えられる格好の調査対象だったのである。

　調査対象としたデパートは、Saks Fifth Avenue、Macy's、S. Klein（現在は廃業）の3つであり、新聞広告、商品の価格などから社会的なランク付けは、Saks Fifth Avenue が1番高く、Macy's が2番目、S. Klein が1番低いと判断した。店員の給与はこの順ではない。むしろ重要なことは、店員がその店の顧客の社会階層に合わせて言語活動をしていることだ。

　調査方法としては、調査者（ラボフ）が客のふりをして店に入り（ここもラボフの発想が豊かでユニークなところだが、何度も来店していることを気付かれないように変装して繰り返し来たらしい）、あらかじめ4階で売られているものを調べておき、例えば、"Excuse me, where are the women's shoes?"と店員にたずねる。あるいは、4階の店員には、"Excuse me, what floor is this?"とたずねる。そうすれば店員は "Fourth floor" と答えるはずで、/r/ の発音のチャンスが2度あることになる。ラボフの着想の優れたところは、さらにここで、"Excuse me?"（何ですって？）と聞き返すことである。そうすれば、店員はもう1度 "Fourth floor" と答えるはずで、さらに2度/r/ の発音のチャンスが生まれるだけでなく、今度は、聞き取られなかったということでよりはっきりとした発音をするはずだと見込んだのである。つまり、自然に無意識に発音する場合と、自らの発音に注意が向いている場合の、2種類の言語行動が観察できるというわけだ。

結果としては、1度でも /r/ が出現した割合は、Saks は 62％、Macy's は 51％、S. Klein は 20％で、社会階層の順位と一致しており、4度とも出現した割合となると、さらにはっきりした分布が見られ、それも同じ順位であった。特に、Saks と S. Klein の差は歴然としていた。

　また、4度の発音機会ごとの分布をパーセンテージで見ると、図 14-2 のようになる。

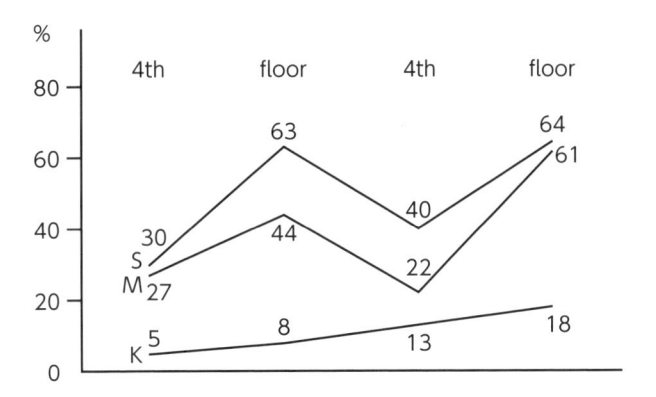

図 14-2　デパートごとの r 出現率
(S＝Saks, M＝Macy's, K＝S. Klein)
出典：Labov 1972 p. 175

　Saks と Macy's においては、"fourth" より "floor" の方、すなわち語末の /r/ の方が出現頻度が高いが、それに比べると S. Klein にはそのような差が見られなかった。全般に S. Klein が最も低いが、注目すべきは、Saks の floor の /r/ は 2 度とも大差がないが、Macy's では、2 度目の floor（4 度目の /r/）の方が出現率が高く、最高頻度の Saks に近づいていることである。これが意味することは、Macy's において、/r/ の発音が**威信**（prestige）を持っていて、発音に注意が向く状況（2 度目）ではより威信に向かうということだ（/r/ が規範で規範意識が現れていると見ることもできる）。Saks の店員の場合は、注意が向くことで大きな変化が起こるわけではないが、Macy's の

第 14 章　社会言語学　239

店員の方が注意度に応じて発音が変わるわけだ。つまり意識して発音することで、威信に近づけようとしていると言える。

社会の比較的上層と下層の人たちに比べて、中位層（いわゆる Upper middle）が、自らの言語行動に意識が向かうと、威信、もしくは規範へと向かうことに関する1つの推論は、中位層により強い「上昇志向」があるということだろう。上位層、下位層の言語行動が安定的であり、中位層が威信に向かって自らの言語行動を適応させるということがあるとするなら、社会全体の言語変化を引き起こしているのも彼（女）ら中位層であるという可能性を示唆する。社会階層によって言語行動が異なり、それは威信に応じた階層の順位となっているというばかりでなく、言語変化のメカニズムをラボフは示したのである。ラボフの研究が、母音の後の /r/ という微少な音声の一側面が社会とどのように関わっているかをダイナミックに論じた社会言語学の金字塔の1つと言われるゆえんである。ラボフのこのような研究の土台となる理論は**変異理論**（variation theory）と呼ばれている。

14-3 〉グローバルとローカルな英語の多様性

ここまで、ミクロ社会言語学の視点から主としてイギリスの事例を扱った研究を見てきた。言ってみれば英語の本家の国に起こっている多様性は、もう一方にグローバル・コミュニケーションを極とした軸の他方の極にあるローカルな状況にある多様性である。言うまでもなく、イギリスという国も多様な背景を持った人たちが住んでおり、決して単一的な人口構成ではないが、長く英語が話されてきた国ならではの変異が見て取れるだろう（むろん、どの国の母語でも同じだが、英語という意味ではやはりここが発祥の地である）。端的に言えば、「ずっと英語を話してきた人たち」の多様性である。イギリス国内で見られた言語変異の研究は、「標準」や「威信」という言語の持つ付加価値が言語変化や多様性に関わっていることを示しており、社会に潜む価値観と言語のあり方がより問題となるであろう。

その一方のグローバル・コミュニケーションにおける英語は、そのような人たちも含めた、より多様な背景や英語とは別の母語を持った人たちの英語である。ここでの多様性は主として母語、母文化に起因する多様性と考えられる。したがって、社会言語学的にはより「文化」という視点で論じることになろう。本書の各章でそれにはたびたび触れてきた。

この2つは社会言語学にとってともに重要な視点だ。しかし、この2つも結局のところ何らかの「異なり」に対する営みとしての言語の諸相とも言える。社会言語学にとってこの「異なり」こそが言語の本質なのである。

14-4 〉そのほかの社会言語学的諸事象

社会言語学で論じられるいくつかのトピックを拾ってみよう。さまざまな形で「異なり」や異化されることがその前提、もしくは問題の根底にあることがわかるだろう。

ことばとジェンダーについては、Lakoff（1975）を皮切りに多くの論考が重ねられてきた。前章のCDAにもそのような研究が多くある。ことばにおける性差別や女性（や男性）の性がどのように言語に刻印されているかを論じる研究が多い。Lakoff（1975）においては、He's a professional. /She's a professional. などのように男女が平行関係にあるはずの表現群において、しばしば女性が性的存在という意味合いを持つこと、性的存在ということの本質は男性によって定義付けられる存在であること、さらには女性が男性中心の権力構造から排除されていることが論じられる。

ピジンとクレオール（pidgin/creole）の研究では、異なった言語話者たちの接触によって生まれた言語の問題が論じられるが、世界の多様な英語（World Englishes）の問題ともつながっている。ピジンとは主として商目的で異なった言語の話し手同士が便宜的に作り上げた混成語がもとであるが、それがしだいに定着し、次の世代が生まれるとそれを母語として育つ。それが**クレオール化**である。ビッカートン（Derek Bickerton 1926-）の**バイオプ**

ログラム (bioprogram) 以降[2]、この現象は生成文法論者をはじめとする非コミュニケーション系言語学にも注目を浴びるようになったが、それはやはりむしろ言語の普遍性を求める議論としてであった（ピジンやクレオールは世界中でまったく関わりなく別々に生まれているにもかかわらず、もとの言語にもなかったような言語の普遍的特性と思われる特徴を見せる。それはチョムスキーが言うような生得的な特性だとするのがバイオプログラム仮説である）。

　話し相手に合わせたり、逆に距離を置こうとしたりして、ことばを適応させるという事象は**スピーチ・アコモデーション理論**（speech accommodation theory）という枠組みで論じられる（Giles 1994）。人は無意識に赤ちゃんに対して赤ちゃんことばを使ったりするようにことばによる収斂（convergence）をしたり、敵対する相手にはわざと口調を変えたりなどの分岐（divergence）をする。

　より人類学的な視点からことばを**スピーチ・イベント**（speech event）の中で捉えた試みにハイムズの**コミュニケーションの民族誌**（ethnography of communication）がある。ことばの使用を場面、参与者、目的、基調などのコンテクストの中で捉えようとしたものである。

　また、本書の別の章で論じてきたポライトネスや語用論、談話分析もその事例研究に重きが置かれると、社会言語学という色彩を帯びてくる。まさに人がことばを介して社会生活を営んでいるありさまが研究対象だからである。このほかにも社会における2言語の使い分けである**ダイグロシア**（diglossia）、社会における**多言語主義**（multilingualism）、**2言語主義**（bilingualism）などはマクロ社会言語学のトピックである（そこで表れる2言語切り替え、**コードスイッチング**（code-switching）はミクロでもある）。さらには本書で随所に例をあげてきたグローバル・コミュニケーションの事例もまさしくそれ自体が社会言語学の対象であろう。

---

[2] Bickerton, D. (1981) *Roots of Language.* Karoma Publishers.

□　参　考　文　献　□

〈日本語〉

東照二（2009）『社会言語学入門——生きた言葉のおもしろさに迫る　改訂版』研究社.

岩田祐子，重光由加，村田泰美（2013）『概説　社会言語学』ひつじ書房.

田中春美，田中幸子（1996）『社会言語学への招待——社会・文化・コミュニケーション』ミネルヴァ書房.

中尾俊夫，服部範子，日比谷潤子（1997）『社会言語学概論——日本語と英語の例で学ぶ社会言語学』くろしお出版.

ピーター・トラッドギル（著）土田滋（訳）（1975）『言語と社会』岩波書店〔岩波新書〕.

〈英語〉

Giles, H. (1994) *Accommodation in Communication*. ELL.

Holmes, J. (2012) *An Introduction to Sociolinguistics*. 4th ed. Routledge.

Hymes, D. (1974) *Foundations in Sociolinguistcs: An Ethnographic Approach*. University of Pennsylvania Press.（唐須教光（訳）（1979）『ことばの民族誌——社会言語学の基礎』紀伊國屋書店.）

Labov, W. (1972) *Language in the Inner City: Studies in the Black English Vernacular*. University of Pennsylvania Press.

Lakoff, R. (1975) *Language and Women's Place*. Harper & Row.

Spolsky, B. (1998) *Sociolinguistics*. Oxford University Press.

Trudgill, P. (1974) *The Social Differentiation of English in Norwich*. Cambridge University Press.

Trudgill, P. (2001) *Sociolinguistics: An Introduction to Language and Society*. 4th ed. Penguin Books.

Wardhaugh, R. and Fuller, J. M. (2014) *An Introduction to Sociolinguistics*. 7th ed. Wiley-Blackwell.

■ 練習問題 ■

1. なぜ方言が生まれ、それが維持されるのか考えてみよう。
2. 威信を表す言語形式をほかに探してみよう。
3. インターネットやテレビなどを活用して、イギリスの方言差を観察してみよう。
4. 性差別やそのほかの差別が刻印されていると思われることばの慣行を探してみよう。
5. アコモデーションの事例をほかに考えてみよう。

索引

人名索引

あ行
ヴィトゲンシュタイン　123
オースティン　63, 165

か行
カチュル, B.　23, 24
ガンパーズ　204, 206
キャクストン　14, 16, 17, 19
グライス　63, 158, 180, 182
グリム, ヤコブ　10
クルトネ　42
ゴフマン　185

さ行
サール　63, 165
サピア　49
シェイクスピア, ウィリアム　19
シュライヒャー, アウグスト　11
ジョーンズ, ウィリアム　9
ジョンソン, サミュエル　20
ソシュール　41, 42, 54

た行
チョーサー　14, 16, 19
チョムスキー, ノーム　43, 51
トラッドギル　235

は行
ハイムズ　63
ハリデーとハサン　223
ブラウンとレヴィンソン　184
ブルームフィールド　49, 50
ボアス　49
ボップ, フランツ　10

ら行
ラスク, ラスムス・クリスチャン　9
ラボフ　237, 238
リーチ　181

アルファベット

A
acronym　99
Afro-American Vernacular English　25

B
Basic English　27

E
English Only　26
English Plus　26

F
FTA（面目を脅かす行為）　187, 193

H
huponymy　130
hyponym　130

I
initialism　99

N
n-linking　78

O
OED　20

索　引　245

P
PC語　21
Plain English Movement　30

R
r-linking　78
RP　237

S
Simplified English　28
Special English　28
superordinate　130

V
Voice of America　28

W
way 構文　59
World Englishes　3, 23

事項索引
あ行
あいまいさ　33
あいまい性　128
アスペクト　110, 111, 113, 114
アフリカ系アメリカ英語　116
アフリカの英語　93
アメリカ構造主義　52
アメリカ構造主義言語学　49, 51
アングロ・サクソン年代記　12
威信　239
一貫性　222
一般的(な)含意　159, 162
異文化間のコミュニケーション　209, 210, 218
イベント・メトニミー　135
意味　216
　──論的含意　157
イメージ　122
　──・スキーマ　56, 57
咽頭音　72
インド英語　24, 73, 75, 113, 115, 117
イントネーション　79
韻律　204
英語史　42
英語帝国主義　28
エスチュアリ英語　237
エスノメソドロジー　63, 225, 226
エスペラント　27
エボニクス　25
　──論争　25
遠称　141
円唇母音　73
エンパシー　199
オーラル・アプローチ　50
押し付け　192
音変化　77
オフレコードの方略　187
おもいやりスタイル　229
音韻論　70, 80
音響音声学　71
音声学　70
音節　74
　──言語　75
音素　48, 49, 70, 81
音調　79
オンレコードの方略　188

か行
ガーナ英語　72, 74
外円圏　24, 72
　──の英語　111
外延的意味　121, 124, 209
外延的な　216
解釈　208
　──的アプローチ　209
　──の枠組み　205

概念　122
　　——メタファー　57, 127
乖離　36
会話の含意　62, 155, 157, 222
会話の契約　196
会話の順番取り　226
会話のスタイル　228
会話分析　63, 222, 225, 226
格　13, 110
拡大円圏　24, 72
カクテルパーティー現象　80
格文法　56
格率　158
下降二重母音　73
活字印刷　17
慣習　205
間接言語行為　170
間接借用　98
カンタベリー物語　19
関連性理論　165
聞こえ度　74
記述的　20
基層言語　151
機能語　13, 76, 77, 111
規範　197
　　——的　20
義務モダリティ　113
脚韻　79
逆成　95, 98
共下位語　130
強形　77
共時体　42, 43, 233
協調的同時発話　229
協調の原理→会話の含意
共通の基盤　188, 190, 195
強変化　13
局所的管理　228
近似同義語　124
近称　141

近代英語　11, 17
緊張母音　73
句　104
　　——構造　104
空間(の)ダイクシス　140, 150
屈折　88
　　——変化　13
クリティカル言語学　229
クリティカル談話分析（CDA）　222, 229
グリムの法則　10, 43
クレオール　24, 241
　　——化　241
グローバル・コミュニケーション　218
グローバル英語　28, 31
グローバルテクスト　31
グロービッシュ　28
敬意　195
形態素　85, 221
　　拘束——　86, 87
　　自由——　86, 87, 94
形態論　85
結束　222
　　——装置　222
ゲルマン民族の大移動　12
言語運用　43, 53, 54
言語音　69
言語学大三角形　41
言語行為　167
　　——論　62, 155, 167
言語社会学　234
言語的な意味　123
言語能力　43, 53, 54
現代英語　17, 21
現地語化　31
限定詞　110
語　104
語彙的結束性　223
行為拘束型言語行為　169

索引　247

行為指示型言語行為　169
口蓋垂音　72
後期近代英語　17, 20
硬口蓋音　72
合成語　75, 94
構成素　104
構造主義　42, 48, 70, 233
行動主義　49
後部歯茎音　72
構文的意味　59
構文文法　56, 59
高母音　73
後方照応　149
後方母音　73
効力　170
交話的コミュニケーション　194
古英語　11, 12
コードスイッチング　242
コーパス　64
　　──言語学　64
語幹　86
語基　86
国際語としての英語　26
国内の共通語　24
語形成　95
語根　86
コックニー　18, 237
ことばとジェンダー　241
古ノルド語　12
コミュニケーション系言語学　62, 63
コミュニケーションの生態学　216
コミュニケーションの民族誌　242
語用論　62, 139, 155, 222
コロケーション　125
混成　95, 99
コンテクスト　206
　　──化の合図　204, 206
　　──化の慣習　213
　　──化の資源　215

さ行

再生する　204
三大英語円圏　24
恣意性　46, 47, 61
歯音　72
時間のダイクシス　140
弛緩母音　73
歯茎音　72
刺激の貧困　52
自己卑下　197
示差的特徴　50
指示　223
　　──対象　121, 124
指示代名詞　140
指示的　216
時制　110, 111
シニフィアン　44, 46, 124
シニフィエ　44, 46, 124
シネクドキー　131, 132
指標性　216
ジャーゴン　190
社会階層　237
社会言語学　62, 69
弱形　77
弱変化　13
借用　19, 95, 98
　　──語　15
自由変異　81, 82
収斂　36
縮約　77
樹形図　106
使用　123
消極的な面目　185, 191
上昇二重母音　73
上層言語　151
冗談（ジョーク）　190
情緒スタンス　216
情熱スタイル　229
省略と代用　223

初期近代英語　17
叙実的　167
自律　55
　　——性　55
新英語　24
シンガポール英語　24, 72
シングリッシュ→シンガポール英語
新語　85
唇歯音　72
新造語　95
親族名称　136
数　110, 116
スキーマ　224
スクリプト　224
スタイル　125
ストレス・アクセント言語　75
スピーチ・アコモデーション理論　30, 36, 242
スピーチ・イベント　242
性　13, 110
制限言語　27, 34
正書法　16
生成意味論　55, 56, 63
生成文法　51, 109, 221
　　変形——　51
成分分析　135, 136
声門音　72
積極的な面目　185
接近音　72
接辞　86
接続　223
接頭辞　85, 86
接尾辞　85, 86
ゼロ記号　46, 48
ゼロ派生　95, 97
線状性　105
前提　156
前方照応　149
前方母音　73

相→アスペクト
想起　206
総合的言語　13
相互行為　208
　　——の社会言語学　62, 156
相補分布　81, 82
遡及的　208
ソシュールのパラドクス　233
そり舌音　72

た行

ターン　229
ダイクシス　139, 140, 216
　　——（直示）の中心　141
ダイグロシア　242
対等　198
　　——主義　150, 197
大母音推移　17
多義　124, 125
　　——語　128
　　——性　125
タクソノミー　131
多言語主義　242
脱落　77, 78
タテマエ　197
多弁　190
ためらい標識　227
単一語　94
短縮　95, 98
談話　221
　　——標識　225
　　——分析　62, 221, 222
力　200
中英語　11, 13, 16, 17
中央母音　73
中間言語　77
中国　72
中称　141
中母音　73

索引　249

中和　　148
調音位置　　72
調音音声学　　71
調音様式　　72
聴覚音声学　　71
重複　　229
直示（表現）→ダイクシス
直示動詞　　141
直接借用　　98
遂行的　　167
遂行動詞　　167
通時体　　42, 43, 233
綴り字発音　　78
定式表現　　109
低母音　　73
適応　　36
テクスト　　221
　　──言語学　　221
テクニカル・コミュニケーション　　30
転換　　95, 97
伝統文法　　20
頭韻　　79
同音異義　　125, 126
　　──語　　128
同化　　77, 78
同義　　121, 124
　　──語　　15, 124
統語　　88
　　──論　　103
統合的　　45
頭字語　　95, 99
同時発話　　228
トートロジー　　174
特定化された含意　　159, 163
独立　　185, 191
　　──のポライトネス方略　　191
閉じた類　　110
土着化（母語化）　　23
トラジェクター　　57

取り消し可能　　170

な行

内円圏　　24
　　──英語　　212, 213
ナイジェリア英語　　75
内容語　　76, 77, 111
軟口蓋音　　72
2言語主義　　242
2言語併用　　14
20世紀言語学大三角形　　42
二重母音　　73
日常知　　226
認識モダリティ　　113
人称　　110
　　──（の）ダイクシス　　140, 150
人称代名詞　　140, 216
認知意味論　　56
認知言語学　　56
認知語用論　　165
認知文法　　56
ノード　　106, 109
ノルマン人の征服　　13

は行

バイオプログラム　　241
バイキング　　12
排除　　190
排他的we　　151
側音　　72
拍　　74
破擦音　　72
派生　　88
働きかけ　　195
発語内の効力　　168, 188
パラ言語　　204, 217
パロール　　43, 54
反義語　　128, 129
反義性　　128

半母音　72
範列的　45
非円唇母音　73
鼻音　72
比較言語学　10, 42
非個人化　192
非指示的　216
ピジン　24, 151, 241
ピッチ・アクセント言語　75
否定テスト　156
標準語　234
開いた類　110
品詞　110
フィリピンの英語　94
複合　95
　——語　75, 94, 95
普遍文法　53
不明確さ　33
不明確性　128
フラウト　159, 163, 175
フレーム　224
　——意味論　56
フロア　228
プロファイル　58
文　54
　——強勢　76
分析的言語　13
分別ある行動　196
文法カテゴリー　110
文法能力　55
閉鎖音　72
ベオウルフ　12
ヘッジ　192
変異形　235
変異理論　237, 240
変項　235
変種　233
法　110, 112
包括的 we　151

方言　233, 234
母語化　23, 24
補修（リペア）　166
補正行動　188
ほめ　197, 213
ポライトネス　155, 179
　——の原理　181, 182
　——の方略　187

ま行

マガーク効果　80
マクロ社会学言語　234
摩擦音　72
マレーシア英語　72
ミクロ社会言語学　234
ミスコミュニケーション　185, 204
民族誌　63
無声化　71
メタコミュニカティヴ・コメント　214
メタコミュニケーション　214
メタファー　56, 57, 131
メトニミー　56, 131
面目　185, 188
　——リスク　187
　——を脅かす行為（FTA）　187
モーラ　74
　——言語　75
モジュール　55
モダリティ　110, 112

や行

やさしい日本語　30
有契性　61
有声化　72
優先応答体系　227
容認発音　237
用法基盤モデル　56, 65, 109
用法を基盤とした　60
予期　205

抑揚　79
読みやすく　33
読みやすさ　29
　　——の指標　29

ら行

ラポール　229
ラング　43, 47, 54
ランダム・サンプリング　238
ランドマーク　58
リズム　79
理想的な話者　53
両唇音　72
リンガ・フランカ　3
隣接ペア　226
ルーン文字　13
歴史言語学　42, 233
レジスター　125
連結　77, 78
連帯　185, 195
　　——の願望　194
　　——のポライトネス方略　188
ローカライズ→現地語化
ローマン・アルファベット　13

わ行

わきまえ　195
枠組み　208
話者の意味　123
わたり音　72

著者紹介
井上逸兵（いのうえ いっぺい）
慶應義塾大学法学部・文学部卒、同大学大学院文学研究科修士課程修了、文学博士（慶應義塾大学）。富山大学講師、同大学助教授、信州大学助教授、慶應義塾大学法学部教授を経て、現在同大学文学部教授。
専門は社会言語学、英語学。
主要著書：『もっともシンプルな英語ライティング講義』（慶應義塾大学出版会、2022年）、『英語の思考法――話すための文法・文化レッスン』（ちくま新書、2021年）、『バカに見えるビジネス語』（青春新書インテリジェンス、2013年）、『世界の英語と社会言語学――多様な英語でコミュニケーションする』（ヤムナ・カチュルー、ラリー・E・スミス著）（共訳、慶應義塾大学出版会、2013年）、『くらべてわかる英文法』（共著、くろしお出版、2012年）、『サバイバルイングリッシュ』（幻冬舎エデュケーション、2011年）、『ことばの意味と使用――日英語のダイナミズム』（共著、鳳書房、2010年）、『ことばの生態系――コミュニケーションは何でできているか』（慶應義塾大学出版会、2005年）、*Advances in Discourse Approaches*（共著、Cambridge Scholars Publishing, 2009）、『応用言語学事典』（共著、研究社、2003年）など。

グローバルコミュニケーションのための英語学概論

2015年4月20日　初版第1刷発行
2024年2月20日　初版第5刷発行

著　　者―――井上逸兵
発行者―――大野友寛
発行所―――慶應義塾大学出版会株式会社
　　　　　〒108-8346　東京都港区三田2-19-30
　　　　　TEL　〔編集部〕03-3451-0931
　　　　　　　〔営業部〕03-3451-3584〈ご注文〉
　　　　　　　〔　〃　〕03-3451-6926
　　　　　FAX　〔営業部〕03-3451-3122
　　　　　振替　00190-8-155497
　　　　　https://www.keio-up.co.jp/
装　　丁―――渡辺澪子
印刷・製本―――株式会社加藤文明社
カバー印刷―――株式会社大平印刷社

©2015 Ippei Inoue
Printed in Japan　ISBN978-4-7664-2213-9